Vorwort

Zeitgemäße Umgangsformen sind in. Doch heutzutage geht es nicht mehr darum, stur und starr verstaubte Regeln der Etikette zu befolgen. Vielmehr ist Benimm mit Grips gefragt. Galt früher die Regel: »Bei Tisch tuschelt man nicht«, so heißt es heute: »Man telefoniert möglichst nicht mit dem Handy im Restaurant.«

Benimm ist heute wieder so gefragt wie zu Knigges Zeiten, auch wenn die Etikette sich gelockert hat.

Über 200 Jahre nach Knigges Todestag sind Anstandskurse ausgebucht, und Benimmbücher finden reißenden Absatz, denn der gewandte und freundliche Umgang mit den Mitmenschen gehört heute schlichtweg zum intelligenten Selbstmarketing. Zur beruflichen Qualifikation zählt heute neben einem kosmopolitischen Gemüt auch ein gesellschaftlich sicheres Auftreten. Hinzu sollte die Fähigkeit zur leichten Konversation und vielleicht auch noch ein bisschen Wein- und Menükunde kommen. Wir sehen heute vieles lockerer, aber deshalb haben wir uns noch lange nicht zu »Benimm-Barbaren« entwickelt. Allerdings geraten wir manchmal in Situationen, in denen wir uns voller Zweifel fragen: »Habe ich mich richtig verhalten?« Gerade bei Tisch lauert eine Reihe von Gefahren. Schnell kann man etwas verkehrt machen. Die Probleme beginnen beim Betreten des Restaurants und enden beim angemessenen Trinkgeld. Der neue Knigge will nicht mit erhobenem Zeigefinger »Das tut man nicht« predigen, sondern vielmehr Hinweise und Tipps geben, wie man es sich im Restaurant, bei privaten und offiziellen Anlässen oder zu Hause bei Tisch gut gehen lassen kann. Unsicherheiten bei Tisch sollten wirklich nicht den Appetit verderben. Deshalb haben wir Ihnen eine ganze Reihe von üblichen Verhaltensregeln zusammengestellt. Denn nur wer weiß, wie man es richtig macht, der darf sich auch über so manche Regel hinwegsetzen. Wissen schafft Selbstbewusstsein.

Ein bewusstes Verletzen der Regeln in Ausnahmefällen ist etwas anderes, als Fehler aus Unwissenheit zu machen. Nur wer keine Ahnung hat, der tappt von einem Fettnäpfchen in das andere. Besonders peinlich ist es, wenn alle Anwesenden den Fauxpas bemerken, nur nicht der Betroffene.

Wir geben Ihnen Tipps, wie Sie mit schwierigen Gerichten elegant fertig werden, wie Sie Einladungen vorbereiten, wie Sie sich korrekt verhalten und Feste schön und entspannt genießen können. Den Tisch schön decken, die richtigen Gläser wählen, die beste Sitzordnung zusammenstellen und mit kleinen Malheurs umgehen können – all das gehört zum Knowhow eines beliebten Gastgebers wie auch des gern gesehenen Gastes.

Ein korrekt gedeckter Tisch sollte niemanden verunsichern, der an ihm Platz nimmt, sondern erfreuen.

Essen à la carte

Jedes Gericht birgt seine ganz speziellen Tücken in sich. Doch egal, um welche Speise es sich dreht, es gilt der Grundsatz: Bleiben Sie auch in kniffeligen Fallen ruhig und gelassen.

Wie isst man was?

Alles macht man irgendwann zum ersten Mal, deshalb sollten Sie auch als Anfänger keine Scheu haben, ein Feinschmeckerrestaurant zu besuchen. Wenn Sie nicht weiterwissen, fragen Sie einfach: »Wie isst man das?« Ein freundlicher Gastgeber oder ein gut ausgebildeter Ober wird Ihnen mit größter Selbstverständlichkeit aus jeder Verlegenheit heraushelfen. Falls Sie wegen Ihrer Unwissenheit belächelt werden, lassen Sie sich nicht verunsichern. Genießen Sie das Essen, und denken Sie daran: Nobody is perfect – aber er kann es werden! Dann verlangen Sie die Rechnung und vergessen dieses Lokal.

Das sollten Sie wissen

In wirklich guten Restaurants wird man sich nicht über Sie lustig machen, wenn Sie Fragen haben oder etwas falsch machen.

Vorspeisen

Es gibt sie in wahrlich großer Auswahl. Die Vorspeisen sollen den Appetit anregen und die Freude auf alles, was noch kommt, vergrößern. Inwieweit sie mit dem Vorspeisenbesteck, mit der normalen Gabel oder einem Löffel gegessen werden, hängt davon ab, um was es sich handelt. Vieles wird mit der Gabel gegessen. Ob man zur Vorspeise Messer und Gabel oder nur die Gabel benutzen soll, ist unschwer aus der Besteckanordnung zu ersehen. Wenn es ein Hors d'oeuvre (kleine Vorspeise) gibt, für das man nur eine Gabel braucht, liegt diese auf der rechten Seite ganz außen.

Amuse-Gueule

Diese Mini-Vorspeise könnte als die »Visitenkarte der Küche« bezeichnet werden. Früher nur in Luxusrestaurants üblich, serviert heute auch der Italiener von nebenan diesen Appetithappen. Es kann sich um ein Stückchen Pastete, einen exotischen Pilzsalat oder eine Mousse handeln. Das dazu benötigte Besteck wird meist nicht vorher eingedeckt, sondern zusammen mit dem Amuse-Gueule serviert.

Brot und Butter

Privatsache bleibt, wie man ein Butterbrot zu Hause isst! In Gesellschaft ist es jedoch nicht üblich, Butterbrot aus der Hand zu essen. Im Restaurant wird ein belegtes Brot immer mit Messer und Gabel verspeist. Wird Brot, Baguette, Brötchen oder Toast zur Vorspeise gereicht, können Sie es in diesem Fall mit den Fingern nehmen und auf den Brotteller legen. Mit der Buttergabel – sofern vorhanden – oder mit einem Messer, das für die Butter vorgesehen ist, nimmt man ein Stückchen Butter und legt es ebenfalls auf den Brotteller. So machen Sie es richtig, wenn es sich um eine Vorspeise handelt: Ein mundgerechtes Stück vom Brötchen oder Baguette abbrechen, mit Butter bestreichen und mit der linken Hand essen.

Butter wird erst auf den Brotteller gelegt und dann aufs Brot gestrichen.

Achtung Fauxpas

Das Brot wie ein Butterbrot essen.

Canapés

Das sind nicht etwa Sitzgelegenheiten. Vielmehr handelt es sich hier um kleine Weißbrotscheiben ohne Rinde in unterschiedlichen Formen – rund, viereckig, dreieckig. Sie können mit allen möglichen Leckereien wie grünen Gurkenscheiben oder Schinken belegt sein. Canapés werden meist auf Partys gereicht und mit der Hand gegessen.

Chips und Dips treten oft gemeinsam auf

Chips sind knackig, Dips flüssig. Als Dips gelten cremige, kalte Saucen, Käsecremes und Mayonnaisemischungen, in die rohe Gemüsestängel wie Sellerie, Lauch, Möhren oder Chips gedippt, d. h. eingetaucht werden. Man dippt und stippt mit der Hand.

Pasteten

Eine einheitliche Antwort auf die Frage, ob sie nur mit der Gabel und/oder auch mit dem Messer gegessen werden, gibt es nicht. Es kommt auf den Einzelfall an: Gibt es etwas zu schneiden, dann nehmen Sie am besten Messer und Gabel. Ansonsten reicht die Gabel aus. Russische Piroggen, spanische Empanadas, indische Samosas, und was es sonst noch an teigumschlossenen Füllungen gibt, werden aus der Hand gegessen.

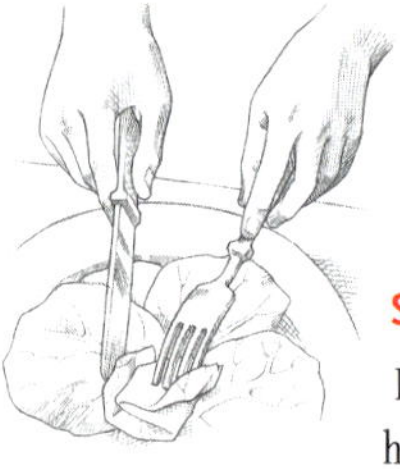

Wenn es gar nicht anders geht, dürfen Sie auch einmal ein Blatt klein schneiden.

Salat

Der Salat, wie Blatt-, Tomaten-, Gurkensalat, wird heute sowohl als Vorspeise wie auch zusammen mit dem Hauptgericht serviert. Sind die Salatblätter nicht mundgerecht zerkleinert, dann falten Sie mit Hilfe des Messers die Blätter so, dass sie problemlos gegessen werden können. Für den Salat nimmt man die Gabel aus dem Mittelbesteck oder aber eine Dessertgabel.

Soufflé

Die luftig-leichte Eierschneemasse wird im Backofen überbacken und muss schnell serviert werden, damit sie nicht zusammenfällt. Salzige Soufflés werden üblicherweise mit der Gabel gegessen. Zu süßen Soufflés wird dagegen ein Dessertbesteck mit Gabel und Löffel eingedeckt, und der Gast kann wählen, womit er lieber isst.

Suppen

Klare Suppen werden meist in Tassen mit zwei Henkeln, gebundene Suppen eher in Tellern serviert. Um Malheurs zu vermeiden, nimmt man den Suppenlöffel nicht zu voll. Dann können Sie unbeschadet ein wenig pusten, wenn die Suppe zu heiß ist. Der benutzte Löffel gehört in den Suppenteller oder auf die Untertasse. Der Suppenlöffel wird mit der Spitze zum Mund geführt. Wenn Sie eine Suppentasse benutzen, hält die linke Hand die Tasse am linken Henkel fest, die Suppe wird mit dem kleinen Suppenlöffel gegessen. Die restliche Suppe dürfen Sie trinken, indem Sie die Tasse mit der rechten Hand zum Mund führen.
Übrigens – heute ist erlaubt, was früher unschicklich war: Wenn nur noch wenig Suppe im Teller ist, dürfen Sie den Teller ruhig auf der einen Seite anheben, um den Rest Suppe schöpfen zu können.

Tipp

Suppeneinlagen, derer Sie mit dem Löffel allein nicht Herr werden, wie beispielsweise lange Nudeln, dürfen Sie mit Hilfe der Gabel auf den Löffel heben.

Achtung Fauxpas

Brot tunkt man nicht in die Suppe!

Geflügel und Fleisch

Geflügel und Braten können vom Hausherrn am Tisch oder in der Küche tranchiert werden. Beim Tranchieren zerlegt man Braten, Geflügel und größere Teile vom Wild, wie beispielsweise Rehrücken, in kleine Stücke. Geschicklichkeit und Übung sind notwendig, um das Fleisch richtig zu schneiden. Wenn Sie Gäste haben, reichen Sie den Braten oder das Geflügel auf einer großen Platte, von der sich jeder mit dem entsprechenden Vorlagebesteck bedient. Das Fleisch wird dann auf dem Teller in mundgerechte Bissen geschnitten und mit der Gabel gegessen.

Für Gerichte wie Ragouts oder Gulasch, bei denen das Fleisch bereits in kleine Stücke vorgeschnitten ist, reicht die Gabel aus. Auch bei Geflügel wird so verfahren, wobei sich das Essen wegen der Knochen etwas schwieriger gestaltet. Dennoch wird Geflügel in der Regel nicht in die Hand genommen. Doch keine Regel ohne Ausnahme: Das Münchner Wies'n-Hendl dürfen Sie mit den Händen essen.

Die Linien zeigen, wie das Geflügel richtig geteilt wird, egal ob Huhn, Ente, Gans oder Truthahn.

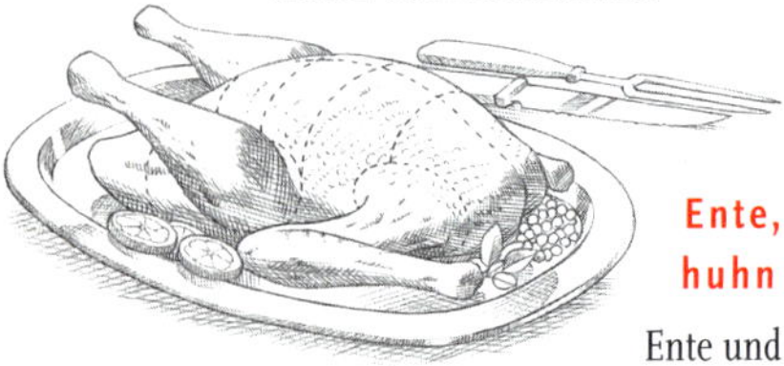

Ente, Gans, Rebhuhn und Truthahn

Ente und Rebhuhn werden geviertelt und mit Messer und Gabel verspeist. Bei großem Geflügel, wie Gans und Truthahn, werden Brust und Schenkel der Länge nach in Scheiben geschnitten. Gegessen wird mit Messer und Gabel.

Fleischspieße

Stellen Sie den Spieß schräg auf Ihren Teller, und schieben Sie mit der Gabel die Stücke einzeln oder paarweise auf den Teller, bis der Spieß leer ist. Erst dann können Sie mit dem Essen beginnen.

Fondue

Ob Käse-, Geflügel- oder Fleischfondue, servieren Sie immer kleine, mundgerechte Stücke. Die Stückchen spießt man einzeln auf spezielle Fonduegabeln und gart sie nacheinander im Fonduetopf. Die Beilagen und Saucen nimmt man schon vorher auf den Teller. Praktisch sind spezielle Fondueteller mit abgeteilten Fächern, damit die Saucen getrennt bleiben. Weil die Fonduegabel nicht zum Essen benutzt wird, deckt man sowohl im Restaurant als auch zu Hause ein extra Besteck ein. Mit der normalen Gabel zieht man dann das fertig gegarte Fleischstück von der Fonduegabel und lässt es auf dem Teller abkühlen. In der Zwischenzeit können Sie das nächste Stück in den Topf legen. Das gegarte Fleisch wird mit Messer und Gabel gegessen, beim Käsefondue reicht im Allgemeinen die Gabel aus, auf die das Brot gesteckt wird.

Das sollten Sie wissen

Je wärmer das Fleisch, desto leichter lässt es sich vom Spieß schieben.

So wird eingedeckt

Das Gedeck zum Fleischhauptgang besteht aus einem normalen Teller, Messer und Gabel und nach Bedarf einem Knochenteller, der links vom normalen Teller eingedeckt wird.

Frikadellen, Klopse, Fleischpflanzl, Hamburger

Das sollten Sie wissen

Für alle Gerichte, die mit der Hand gegessen werden, sollten zum Säubern der Hände Fingerschalen bereitstehen.

Früher hat man Fleischzubereitungen aus Gehacktem nur mit der Gabel gegessen. Das ist heute überholt. Nichts spricht dagegen, einen Klops mit dem Messer zu schneiden.

Hähnchen

Als heute akzeptierte Grundregel gilt: Mit Besteck wird so lange gegessen, wie es machbar und ästhetisch vertretbar ist. Das gilt insbesondere für Flügel und Keulen; die Hähnchenbrust lässt sich problemlos mit Messer und Gabel essen. Sobald das Essen mit Besteck zu mühsam wird, isst man mit den Händen weiter: Der Knochen wird zum Mund geführt und mit den Zähnen abgenagt. Auf Grillpartys oder Volksfesten dürfen Sie von Anfang an mit den Händen essen.

Tipp

Wickeln Sie die feinen Schinkenscheiben um den oberen Teil eines Grissino. Grissini sind dünne, lange, trockene Knabberstäbchen aus Italien. Es geht so: Mit dem Ende des Grissino eine Scheibe Schinken nehmen, Grissino drehen, so dass der Schinken sich um das Stäbchen wickelt, abbeißen. Mit restlichem Grissino wieder eine Schinkenscheibe nehmen, aufrollen, essen usw.

Schinken

Für den Schinken, der im Ganzen serviert wird, braucht man ein großes Holzbrett. Mit einem scharfen, langen Messer schneidet man dünne Scheiben ab, die auf den Teller gelegt werden. Selbstverständlich wird auch ein Schinkenbrot mit dem Besteck gegessen. Die guten italienischen und spanischen Schinken sind teure Delikatessen. Solche Köstlichkeiten isst man eher nicht mit Messer und Gabel und auch selten als Brotbelag. Nehmen Sie ein Scheibchen zwischen Daumen und Zeigefinger, und essen Sie es aus der Hand.

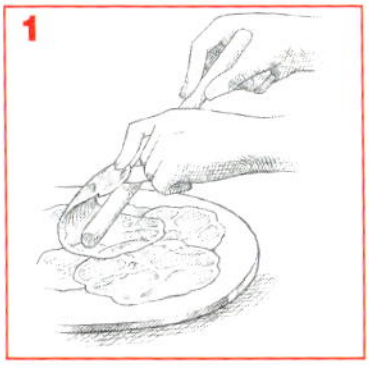

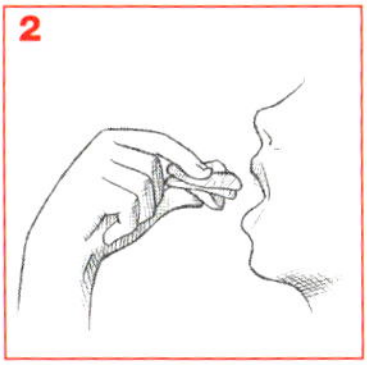

1 *Elegant: Schinken um ein Grissino gewickelt.*

2 *Edlen Schinken darf man mit der Hand essen.*

Spareribs

Es ist so gut wie unmöglich, diese dünnen Rippen mit Messer und Gabel zu essen. Deshalb werden sie auch in der Öffentlichkeit mit den Fingern verspeist. Man knabbert sie Rippe für Rippe ab. Für die fettigen Finger sollten Fingerschalen und Servietten bereitstehen.

Tellerfleisch

Ein Gericht mit einem schlichten Namen. Das Stück gekochtes Rindfleisch wird in fingerdicken, quer zur Fleischfaser geschnittenen Scheiben und mit Meerrettich serviert. Wer's liebt, dem wird darüber gestreuter Schnittlauch reichen oder ein bisschen Suppengemüse aus der Fleischbrühe.

Wachtel

Als Vorspeise reicht eine Wachtel pro Person, für ein Hauptgericht benötigen Sie – je nach Appetit Ihrer Gäste – zwei bis drei dieser kleinen Vögel. Unerlässlich ist ein Knochenteller und sehr sinnvoll eine Fingerschale. Auch die Wachtel isst man mit Messer und Gabel, solange das möglich ist. Erst dann können Sie die Hände – am besten nur eine Hand – zu Hilfe nehmen.

So rückt man Geflügel zu Leibe

Im Allgemeinen gilt, dass die großen Teile wie Brust mit Messer und Gabel verzehrt werden. Die früher strenge Regel, Geflügel nur mit Besteck zu essen, ist heute nicht mehr gültig. Vielmehr hängt es von der Geschicklichkeit des Einzelnen ab, wann er die Hände zu Hilfe nimmt. Auf jeden Fall ist das einfacher und auch ästhetischer, als wenn bis zum letzten Bissen Schwerstarbeit mit Messer und Gabel geleistet wird.

Das sollten Sie wissen

Die Knochen von Wildgeflügel splittern leicht und sind sehr spitz.

Weißwurst

Die Weißwurst ist eine bayerische Spezialität. Das »Komplizierte« an der Weißwurst ist ihre dünne Haut, die nicht mitgegessen wird. Nicht einmal in Bayern gibt es eine verbindliche Anleitung, wie man eine Weißwurst richtig isst. Hier haben wir zwei Methoden aufgeführt, die häufig praktiziert werden: Schneiden Sie die Haut der Länge nach auf. Mit der Gabel halten Sie die Haut an einem Ende auf dem Teller fest, während Sie mit dem Messer die Wurstfüllung herauslösen. Oder Sie nehmen die Weißwurst in die Hand, beißen vorsichtig hinein und ziehen die Füllung mit den Zähnen aus der Haut – »zutzeln« nennt das der Bayer.
Zur Weißwurst, die traditionell das 12-Uhr-Läuten nicht mehr hören soll, gehören süßer Senf, eine Breze und ein kühles Weißbier.

Fisch und Schalentiere

Egal ob gebraten, gedünstet oder gekocht, stilgerecht werden Fische fast immer mit einem speziell dafür vorgesehenen Fischbesteck gegessen. Es besteht aus einer breiten, kurzen Gabel und einem stumpfen, leicht abgeschrägten Messer. Eine Ausnahme gibt es: Zu Fischfilet in einer Sauce darf neben der Fischgabel ruhig ein Saucenlöffel liegen. Auch mit dem Löffel lässt sich der Fisch leicht zerteilen. Wer kein Fischbesteck besitzt, kann statt des Fischmessers auch ein normales Messer hinlegen. Bei Gerichten, bei denen Fisch und Fleisch zusammen serviert werden, benutzt man das Fleischmesser. Wieso gibt es eigentlich kein richtiges Messer zum Fisch? Damit die ohnehin schon störenden Gräten durch das Schneiden nicht noch gefährlicher werden! Mit dem Fischmesser wird nämlich nicht geschnitten, sondern vorsichtig geteilt und geschoben.

Gelangt versehentlich doch eine Gräte in den Mund, schiebt man sie mit der Zunge auf die Lippen. Von den Lippen wird sie dann vorsichtig auf die Gabel gegeben und danach auf dem Grätenteller abgelegt. Grätenteller werden – ebenso wie Knochenteller für das Geflügel – links oberhalb des großen Tellers eingedeckt.

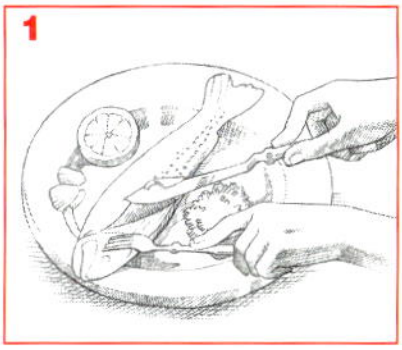

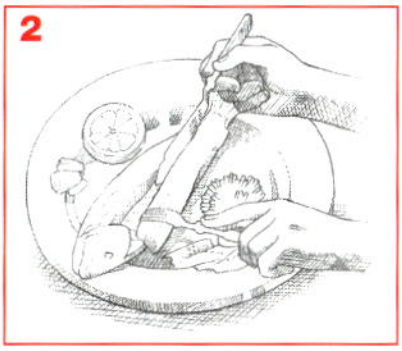

1 *Flossen und Haut entfernen.*

2 *An der Hauptgräte entlangfahren und Filet ablösen.*

Tipp

Um eine Delikatesse handelt es sich übrigens bei den Bäckchen der Forelle. Sie lassen sich von beiden Seiten des Kopfes durch Anheben der Kiemendeckel unterhalb der Augen ablösen. Kieler Sprotten isst man mit der Hand.

Austern

Auf die klassische Art werden Austern – bereits geöffnet – im halben Dutzend auf gestoßenem Eis serviert. Dazu gibt es Zitronenecken, Pfeffer und Würzsaucen. Nehmen Sie eine Auster in die Hand, würzen Sie sie nach Geschmack, und trennen Sie dann mit der Schneideseite der Austerngabel das Fleisch von der Schale. Führen Sie die Schale zum Mund, und schlürfen Sie die Auster zusammen mit dem Meerwasser ein, wobei das Schlürfen möglichst geräuschlos vonstattengehen soll. Sie können die Auster auch mit der Gabel aufnehmen und essen. Wenn Sie Austern zu Hause anbieten möchten, dann benötigen Sie einen schützenden Handschuh und ein spezielles Austernmesser zum Öffnen. Abgesehen davon, dass das Öffnen viel Kraft und Geschicklichkeit erfordert, ist diese Tätigkeit nicht ungefährlich.

Tipp

An der Schale sind oft noch scharfe Splitter, mit denen Sie Ihre Lippen verletzen könnten. Führen Sie deshalb die Auster vorsichtig und ohne Druck an den Mund.

Fische

Ganze Fische, wie Forellen blau, werden mit Kopf, Haut und Flossen serviert. Man entfernt die Flossen, trennt mit dem Fischmesser die Haut am Rücken ab und löst sie von der oben liegenden Hälfte des Fisches. Ein Filetstück liegt nun frei. Mit dem Fischmesser fahren Sie an der Hauptgräte am Rücken entlang und können so das Filet von den Gräten lösen. Dann dreht man die Forelle um, und das ganze Pro-

zedere beginnt von vorne. Früher schrieb die Etikette vor, dass die Fischhaut auf dem Teller zurückbleiben muss. Heute darf man sie essen.
Bei gebratenen Fischen, wie Forelle Müllerinart, wird ebenso verfahren. Allerdings entfernt man die Haut nicht, sondern isst sie mit.
Bei anderen ganzen Fischen, wie beispielsweise der Seezunge, wird nach demselben Grundmuster verfahren: Schneiden Sie mit dem Fischmesser beginnend beim Kopf über die Mitte zum Schwanz, dann entlang den Rändern. So können Sie die Flossen entfernen. Nun heben Sie von der Mitte aus die Filets nach vorn und hinten, so dass Sie dann Kopf und Gräten auf einen Grätenteller legen können.
Zu geräuchertem Fisch, wie beispielsweise Aal, Lachs oder Stör, und auch zu Fischen in Marinade serviert man immer ein normales Besteck.

1

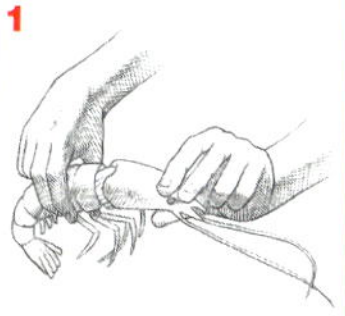

Garnelen, Scampi und Krabben

2

Wenn diese Krustentiere in der Schale gekocht serviert werden, liegt die Entscheidung bei Ihnen: Lieber mühsam mit Messer und Gabel oder einfacher mit den Händen? Wir wählen die übliche Version: Halten Sie den Kopf der Garnele mit der linken Hand fest, mit der rechten drehen Sie den Körper mit einem Ruck herum, so dass sich der Panzer des Körpers löst. Nun können Sie das Fleisch am Kopf aus dem Schwanzende ziehen, den schwarzen Faden des Darms am besten mit einer Gabel oder einem Fischmesser entfernen und das ausgelöste Fleisch in eine Sauce tunken und essen.

So lösen Sie das Garnelenfleisch aus:

1 *Kopf halten, Rumpf herausdrehen.*

2 *Weiches Fleisch herausziehen.*

So werden Krabbencocktails gegessen

Krustentiere werden gern auch verarbeitet, beispielsweise zu Cocktails. Dann braucht man dazu das entsprechende Besteck, in diesem Fall eine kleine Gabel oder einen kleinen Löffel. Ein Krabbenbrot wird mit Messer und Gabel verzehrt.

Hummer und Langusten

Diesen Meerestieren wird mit Fischbesteck, Hummergabel und Hummerzange zu Leibe gerückt. Serviert wird der Hummer oder die Languste der Länge nach halbiert. So liegen Schwanz, Beine und Scheren vor Ihnen. Mit dem Spatel am Ende der Hummergabel wird das Fleisch aus der Schwanzhälfte gelöst. Hummergabeln sind lang und haben zwei kurze Zinken, die wie kleine Greifer ausgebildet sind. Mit Hilfe einer Hummerzange, die übrigens aussieht wie ein Nussknacker und auch genauso benutzt wird, bricht man die Hummerscheren auf, sofern dies nicht schon in der Küche gemacht wurde. Das köstlichste Fleisch sitzt übrigens in den Scheren. Man zieht es mit einer speziellen Gabel heraus. Die Beinchen werden in der Mitte am Gelenk auseinander gebrochen und ausge-

Tipp

Wer keine Hummerzange besitzt, kann getrost ebenso gut einen Nussknacker nehmen!

saugt. Dazu nimmt man sie in die Hand. Das Hummerfleisch isst man mit Messer und Gabel. Fingerschale sowie frische Servietten sind erforderlich. Für bereits ausgelösten und entsprechend zubereiteten Hummer brauchen Sie nur das Fischbesteck. Langusten werden auf die gleiche Weise wie Hummer gegessen. Einziger Unterschied: Sie haben keine Scheren.

Das sollten Sie wissen

Falls Hummer noch nicht ausgelöst ist, verwenden Sie Fischbesteck, Hummergabel und Hummerzange.

Kaviar

Er heißt auch Störrogen und ist schwarz oder grau, klein- oder großperlig auf dem Markt. Serviert wird Kaviar normalerweise in der Originaldose – in seltenen Fällen in einer Glasschale –, die in einem Gefäß mit Eis stehen muss. Notwendig ist eine Kaviarschaufel aus Elfenbein, Perlmutt oder Horn sowie ein Spezial-Kaviarmesser mit einer besonders geschwungenen Klinge ebenfalls aus Elfenbein, Perlmutt oder Horn oder aber aus rostfreiem Stahl. Mit der Kaviarschaufel nimmt man etwas Kaviar auf seinen Teller. Dann häuft man den Kaviar mit dem Kaviarmesser auf einen gebutterten Toast und breitet ihn aus. Der Toast wird mit den Fingern gegessen. Schneiden Sie ihn am besten in kleine Stücke, damit Sie nicht abbeißen müssen. Ob Sie Zitrone darauf träufeln wollen, liegt an Ihnen. Kenner lehnen dies allerdings ab.

Tipp

Alternativ können Sie Kaviar mit Blinis – das sind kleine Pfannkuchen aus Buchweizenmehl – servieren. Der Kaviar wird auf den Blinis verteilt; gegessen wird mit Messer und Gabel.

Krebse

Das sollten Sie wissen

Servietten, am besten spezielle Schürzen, sowie Fingerschalen sind unbedingt erforderlich.

Die Flusskrebse verfügen über einen kalkhaltigen Panzer, der ihre essbaren Teile gut verbirgt und Feinschmecker beim Essen vor eine nicht ganz einfache Aufgabe stellt. In der Regel werden Krebse im Ganzen serviert. Nehmen Sie den Krebs mit der linken Hand am Brustpanzer, und ziehen Sie mit der rechten Hand den Schwanz vom Körper. Dabei werden die Schwanzringe zusammengedrückt und platzen auf. Falls das Fleisch nicht sofort herausflutscht, können Sie den Panzer mit einem speziellen Krebsmesser aufschneiden oder den Panzer mit einer Krebszange aufbrechen. Entfernen Sie den dunklen Darmkanal, und essen Sie das Fleisch mit Messer und Gabel. Den Brustpanzer können Sie mit der Hand oder der Krebszange auseinander brechen; der Magen muss entfernt werden. Kenner schätzen die Weichteile aus der Brust. Die Scheren werden herausgebrochen, die Gelenke ausgesaugt. Um die kleinen Scherenteile zu brechen, schiebt man sie in das Loch des Krebsmessers und bricht die Spitze der Schere ab. So können Sie das Fleisch gut herausziehen. Größere Scherenteile können mit dem Krebsmesser oder der Zange freigelegt werden. Auch hier die Spitzen abbrechen. Die Krebsbeine werden ausgelutscht und der Krebssud aus einer Suppentasse gelöffelt.

Tipp

Wenn Sie Krustentiere in der Schale servieren, sollten Sie genügend Zeit einplanen, damit Ihre Gäste das köstliche Fleisch ohne Hast aus der Schale holen können.

Muscheln anders zubereitet

Große Pilger- und Jakobsmuscheln werden oft in der Schale serviert. Man isst das Muschelfleisch entweder mit der Gabel oder mit einer Fischgabel direkt aus der Schale. Gebratene, gedämpfte oder gebackene Muscheln werden auf einem großen, flachen Teller serviert und mit dem Fischbesteck gegessen.

Muscheln

Für Muscheln wird kein besonderes Besteck benötigt. Man isst sie mit den Fingern. Eine leere Muschelschale wird wie eine natürliche Zange benutzt. Die leeren Schalen werden auf einen Abfallteller gelegt. Den Sud, der manchmal extra in einer Suppentasse serviert wird, löffelt man aus.

Das sollten Sie wissen

Muscheln werden mit den Fingern gegessen, für Schnecken gibt es speziel-le Zangen und Gabeln.

Schnecken

Meist bestellt man ein halbes Dutzend Weinbergschnecken, die entweder mit oder ohne Häuschen brutzelnd heiß in einer Schneckenschale serviert werden. Für das Schneckenessen gibt es ein extra Besteck. Mit der Zange greift man das Gehäuse, zieht mit Hilfe einer speziellen zweizinkigen Gabel das Fleisch heraus und isst es. Die Sauce aus dem Schneckenhaus wird in einen Kaffeelöffel gegossen. Stippen ist übrigens erlaubt! Tunken Sie das Brot in die heiße Kräuterbutter, und genießen Sie.

»Schwieriges« Gemüse

Wenn Sie beim Essen von Gemüse Probleme hatten, können Sie jetzt aufatmen, denn oft sieht es komplizierter aus, als es in Wirklichkeit ist. Nur wenn es sich nicht vermeiden lässt, nimmt man das Messer zu Hilfe, meist reicht eine Gabel aus. Wird Gemüse als selbstständiger Gang gereicht, deckt man Messer und Gabel ein.

Artischocken

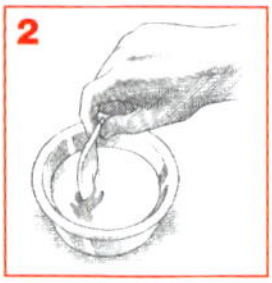

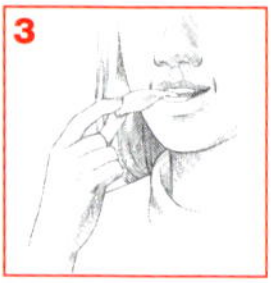

1 Artischockenblätter abtropfen, 2 in Sauce tunken 3 und das fleischige Ende mit den Zähnen abziehen.

Um die Artischocke genießen zu können, muss man im wahrsten Sinne des Wortes ein guter Handwerker sein. Blatt für Blatt muss zuerst gerupft werden. Das fleischige Ende der Blätter wird in eine Sauce, die dazu serviert wird, getaucht und ausgelutscht bzw. zwischen den Zähnen ausgesaugt. Das nun leere Blatt landet auf dem Abfallteller. Sind alle Blätter abgezupft, bleibt der Boden mit dem so genannten Heu übrig. Das Heu wird nicht mitgegessen (es ist ungenießbar), sondern mit dem Besteck entfernt und ebenfalls auf den Abfallteller gelegt. Der Lohn für die mühsame Arbeit: Unter dem Heu wartet der Artischockenboden. Bevor man diesen Leckerbissen verspeist, reinigt man sich die Finger in einer Fingerschale. Dann greift man zu Gabel und Messer, zerteilt das zarte Fruchtfleisch und isst es.

Avocado

Die halbierte Frucht liegt vor Ihnen auf dem Teller. Mit der einen Hand halten Sie die Avocado fest, während Sie mit der anderen Hand das weiche Fruchtfleisch mit einem Löffel ausschaben. Meist wird die Avocado als Vorspeise gereicht, häufig mit einer Füllung. In diesem Fall wird die Fülle je nach Inhalt mit einer Mittel- oder Fischgabel gegessen.

Tipp

Die ausgekratzte Avocadoschale ist eine dekorative Schale für einen exotischen Salat.

Maiskolben

Am einfachsten geht es mit Kolbenhaltern, die Sie in beide Enden der Maiskolben spießen – Sie können sich aber auch mit Zahnstochern behelfen. Dann knabbern Sie den Mais genüsslich mit den Zähnen ab.

Spargel

Man rückt der langen Stange ganz einfach mit Messer und Gabel zu Leibe.

Das sollten Sie wissen

Die alte Regel, dass Spargel nicht geschnitten werden darf, ist heute passé.

Eier, Beilagen, Teigwaren & Co.

Hier sind Messer, Gabel und manchmal auch Löffel angesagt. Zu den schwierigsten Teigwaren zählen die Spaghetti. Lassen Sie sich nicht entmutigen, wenn Ihnen anfangs immer wieder die langen Nudeln von der Gabel rutschen. Nur die Übung macht den Meister.

Eier

Eigentlich geht's ganz einfach mit dem weich gekochten Ei: Eierspitze mit dem Messer anschlagen und absägen. Dann den Inhalt auslöffeln. Oder sanft mit dem Messer gegen die Spitze schlagen, die Schale abpellen, bis ein entsprechend großes Loch für den Löffel entstanden ist, und loslöffeln. Die eleganteste Lösung für ein weich gekochtes Ei: Man klopft mit dem Eierlöffel die Schale an dem oberen Ende auf und trennt die Spitze mit dem Löffel ab. Eier sollten nie mit einem Silberlöffel gegessen werden, da dieser schwarz anläuft. Rührei lässt sich mit der Gabel essen, ein Löffel in der linken Hand kann hilfreich sein. Spiegel- und Setzeier werden mit Messer und Gabel gegessen.

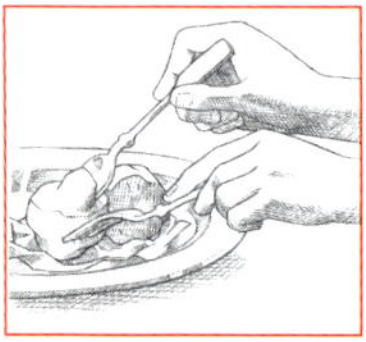

Kartoffel mit der Gabel festhalten, auslöffeln.

Kartoffeln, Kroketten, Klöße

Heute ist es zwar erlaubt, Kartoffeln mit dem Messer zu schneiden, aber das heißt nicht, dass Sie das auch tun müssen. Eine glatte Schnittfläche kann nämlich die Sauce nicht richtig aufnehmen. Deshalb: Zerteilen Sie die Kartoffeln besser mit der Gabel. Das Gleiche gilt für Kroketten und Knödel bzw. Klöße. Folienkartoffeln werden in der Regel mit einem kleinen Löffel serviert und ausgelöffelt. Fehlt ein zusätzlicher Löffel, nimmt man die Gabel.

Achtung Fauxpas
Absolutes Knigge-Fettnäpfchen: das Zerquetschen der gekochten Kartoffeln mit der Gabel.

Nudeln & Co.

Die Todsünde: Spaghetti mit dem Messer schneiden! Mit Löffel und Gabel sind Sie in Deutschland gut gewappnet. Wer die Spaghettisauce nicht auf der Bekleidung haben möchte, greift besser zu einer großen Serviette und steckt sie sich in den Kragen. Spaghetti, Linguine oder andere lange, dünne Nudeln nimmt man in wirklich kleinen Portionen mit der Gabel auf, setzt die Gabelzinken auf den Löffelboden, zieht die Nudeln leicht in die Höhe und wickelt sie so lange auf, bis eine formschöne Spirale entsteht. Geübte brauchen bald keinen Löffel mehr, sondern wickeln die Spaghetti wie die Italiener mit der Gabel allein auf. Makkaroni oder andere Nudeln werden mit der Gabel gegessen, wenn nötig, dürfen sie mit der Gabel in mundgerechte Stücke zerteilt werden.

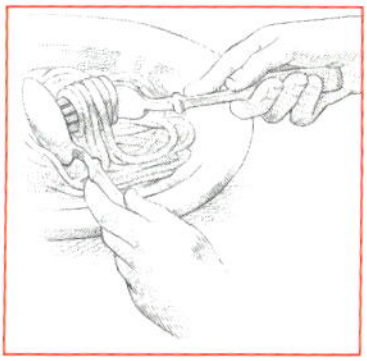

Spaghetti aufrollen mit Löffelhilfe – aber nicht zu viel auf einmal.

So wird Pizza verspeist

Erst wird die Pizza – ähnlich einem Kuchen – mit dem Messer in Achtel geschnitten und dann mit der Hand gegessen. Am besten lässt sie sich am wulstigen Rand festhalten. Dann können Sie sich von der Mitte durchbeißen – bis zum dicken Ende.

Omelett

Das Omelett wird mit einer großen Gabel gegessen. Ein Löffel in der linken Hand kann Hilfestellung geben. Auch mit Brot können Sie ein wenig nachhelfen, wenn das Omelett nicht so leicht auf die Gabel rutscht.

Saucen

Mit einem Saucenlöffel sind Sie bestens bedient. Er ist flach genug, um auch auf einem flachen Teller die köstliche Flüssigkeit aufzunehmen.

Achtung Fauxpas

Brot in die Sauce eintunken.

Tofu

Tofu ist Sojaquark. Man schneidet Tofu nicht mit dem Messer, sondern teilt die Würfel höchstens mit der Gabel. Geräucherter Tofu ist außerdem ein guter Brotbelag, wird also auch kalt gegessen.

Tortillas

Mexikanische Tortillas sind eine lateinamerikanische Crêpevariante. Die Füllungen sind variabel. Man isst sie – je nach Inhalt – mit Messer und Gabel oder wie ein normales Omelett mit einer großen Gabel in der rechten und einem Löffel in der linken Hand.

Das sollten Sie wissen

Für das Dessert wird viel Besteck aufgeboten – für Obst, Kuchen und Süßspeisen. Kleinere Leckereien isst man mit der Hand.

Nachspeisen: Käse, Obst und andere Versuchungen

»Beim Nachtisch kann sich beweisen, wer ein wahrer Meister im Beherrschen der Bestecke ist«, behaupten die Anhänger von Knigge. Da gibt es zarte Mokkalöffelchen für die Crème brulée, extrakleine Messer und Gabeln für alle Kuchen. Mit einem kleinen Löffel werden Kompott, Obstsalat, Mousse au chocolat oder Pudding gegessen. Für andere Nachtischarten wie Gebäck oder Früchte gibt es das Dessertbesteck.
Kleine Leckereien wie Pralinen oder Feingebäck dürfen mit der Hand gegessen werden.

Ananas

Ananas wird meist geschält in Vierteln oder in Scheiben serviert. Gegessen wird mit dem Obstbesteck.

Apfelsinen

Die Schale von der Blüte zum Stängel mit dem Obstmesser einritzen, dann kann man sie gut abziehen. Die weiße Haut auf dem Fruchtfleisch wird ebenfalls mit dem Messer abgezogen. Die Apfelsine mit den Fingern in Filets teilen und mit der Hand essen. Kerne werden vorsichtig auf einen Löffel geschoben und auf einem extra Teller abgelegt.

Äpfel und Birnen

Halbieren, vierteln und achteln, dann eventuell schälen. Nun schneiden Sie das Kerngehäuse heraus und essen die Stückchen entweder mit der Hand oder mit einem Obstbesteck.
Um es den Gästen bequemer zu machen, sollten Äpfel und Birnen schon gewaschen serviert werden.

Was tun mit den Kernen?

Kerngehäuse, wie bei Apfel und Birne, werden mit dem Messer ausgeschnitten. Kleine Kerne, wie bei Kirschen und Wassermelonen, werden vorsichtig mit der Zunge auf einen Löffel geschoben und auf dem Teller abgelegt. Olivenkerne werden möglichst diskret in die Hand gegeben und ebenfalls auf einem Teller abgelegt. Brechen Sie Obst mit der Hand, z. B. Pflaumen, dann dürfen Sie natürlich den Kern auch mit der Hand entfernen.

Das sollten Sie wissen

Bei Obst machen Sie nichts falsch, wenn Sie es mit der Hand essen. Davor in Stücke schneiden oder brechen, das Kernhaus und die Kerne entfernen.

Das sollten Sie wissen

Früchte, für die ein größerer Aufwand nötig ist, bis man sie bequem verspeisen kann, sollte der Gastgeber entsprechend vorbereiten.

Beeren

Bei allen Beeren mit Stumpf und Stiel dürfen Sie Ihre Hände benutzen. Das geht so: Den Stiel nimmt man zwischen die Finger, die Frucht in den Mund, und mit den Zähnen zupft man die Frucht ab. Der Stiel wird an den Rand des Tellers gelegt. Geputzte Früchte isst man mit dem Dessertlöffel.

Cocktailfrüchte

Wenn am Rand des Glases eine Zitronenscheibe steckt, lässt man sie am besten dort. Auslutschen gehört auf jeden Fall nicht zur feinen Art! Zum Verzehr ist dagegen der Früchtespieß gedacht, wie er gern mit exotischen Mixgetränken serviert wird. Mit den Lippen können Sie Frucht für Frucht vom Spieß ziehen. Wenn Sie bei Ihrem Martini Lust auf die Olive im Glas verspüren, holen Sie sie mit einem Zahnstocher heraus, und lassen Sie sich die Olive schmecken. Unfein ist es, die Olive mit dem letzten Schluck aus dem Glas herauszuschlürfen.

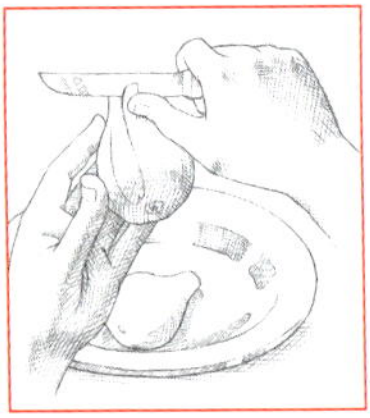

Die Haut von Feigen mit einem Messer abziehen.

Feigen

Die Feige wird mit dem Messer halbiert und mit dem Obstbesteck gegessen. Sie können die Feige auch in die Hand nehmen und mit Hilfe eines Messers die Schale abziehen. Wer mag, kann die Schale mitessen.

Käse

Wenn Käse gereicht wird, dann vor dem Dessert. Wichtig: Auf der Platte muss ein Käsemesser liegen.

Mit den beiden Spitzen dieses Messers legen Sie die einzelnen Käsestückchen, die Sie abgeschnitten haben, auf Ihren Teller. Nehmen Sie nicht mehr als drei bis vier Sorten, sonst wirken Sie etwas maßlos. Vergessen Sie außerdem nicht: Käse schließt den Magen. Am Ende steht das Dessert vor Ihnen und Sie haben keinen Hunger mehr. Im Prinzip isst man jeden Käse auf die gleiche Art und Weise, nämlich häppchenweise, mit kleinem Messer und kleiner Gabel. Da die Rinde meist nicht mitgegessen wird, zieht oder schneidet man sie mit dem Messer ab. Butterweicher Käse kann auf kleine, mundgerechte Brotstückchen gestrichen werden. Laut Knigge sollte man Käse und Brot besser nacheinander essen.

Tipp

Servieren Sie doch einmal außergewöhnliche Brotsorten zum Käse, etwa ein Oliven- oder ein Zwiebelbrot.

So haben Sie mehr vom Käse

Damit Sie jeden Käse auch wirklich richtig genießen können, sollten Sie mit den milden Sorten beginnen und mit den würzigen den Käsegang beenden.

Achtung Fauxpas

Käse aufs Brot und wie ein Butterbrot essen.

Kirschen

Meist werden Kirschen ungewaschen und mit einer Wasserschale serviert. Schwenken Sie die Kirschen am Stiel durchs Wasser. Ohne sie abzutrocknen, führen Sie die einzelne Kirsche am Stiel zum Mund und pflücken sie mit den Lippen ab. Den Stein auf einem extra Teller ablegen.

Kiwi

Die Kiwi wird quer in der Mitte durchgeschnitten und das Fruchtfleisch mit einem Eier- oder Dessertlöffel aus der Schale geschabt.

Lychee

Das sollten Sie wissen
Mangoflecken lassen sich nie mehr entfernen!

Wenn diese chinesischen Früchte nicht aus der Dose – also ohne Schale und Kern – serviert werden, dann müssen die stacheligen Schalen mit den Fingern aufgebrochen werden. Die weiße Frucht wird herausgenommen. Der Kern wird auf den Löffel gegeben und abgelegt. Eine zusätzliche Serviette ist sinnvoll.

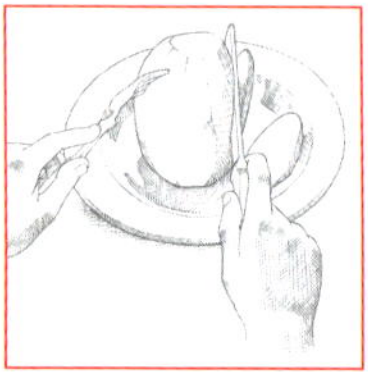

Mangoscheiben abzuschneiden ist nicht ganz leicht.

Mango

Um die Mango korrekt zu essen, muss man etwas Geduld haben. Die bereits geschälte Frucht wird mit der Gabel festgehalten, längs in dünne Streifen geschnitten und mit Messer und Gabel verspeist.

Melone

Die Melone wird je nach Größe entweder in Vierteln oder in Spalten serviert. Die Kerne werden mit einem Löffel entfernt. Jetzt haben Sie die Wahl: Entweder Sie nehmen die Schale in die Hände und beißen sich vom weichen inneren Fruchtfleisch bis zur Schale durch. Oder Sie entfernen die Schale mit dem Messer, wobei

Sie mit der Gabel die Melone festhalten, und essen dann mit Besteck weiter. Melonen eignen sich übrigens gut zum Füllen. Die Füllung wird natürlich immer mit einem Löffel gegessen.

Tipp

Machen Sie es Ihren Gästen einfacher und servieren Sie Melonen geschält und in mundgerechte Stücke oder in Spalten geschnitten.

Oliven

Oliven nehmen Sie mit Daumen und Zeigefinger oder spießen sie auf einem Zahnstocher auf. Den Kern gibt man diskret in die linke Hand und legt ihn auf den Teller.

Oliven aufspießen oder mit den Fingern aus der Schale nehmen. Die Kerne werden in einem Schüsselchen »entsorgt«.

Pfirsich

Egal ob geschält, im Saft oder frisch vom Baum, für den Pfirsich nimmt man das Obstbesteck.

Pflaumen

Die Pflaume teilt man mit den Fingern, entfernt den Kern, der auf einem Teller abgelegt wird. Das Fruchtfleisch isst man mit der Hand. Nimmt man die ganze Pflaume in den Mund, befördert man den Kern mit einem kleinen Löffel zum Teller.

Weintrauben

Die Trauben wurden ungewaschen serviert? Schneiden Sie mit der Obstschere einen kleinen Teil von der großen Traube ab, schwenken Sie ihn in der Wasserschale, und trocknen Sie ihn mit einer separaten Serviette ab. Mit der Hand wird dann Beere für Beere abgezupft und gegessen.

Tischlein deck dich

Gemeinsam mit der Familie, mit Freunden oder Kollegen essen, und das mit Stil – was gibt es Schöneres? Eine schöne Mahlzeit dient schließlich nicht nur der Ernährung. Deshalb gehört zum Genuss auch das richtige Ambiente.

Organisation ist alles

Speisen mit Stil erfordert gute Organisation und Planung. Auf keinen Fall sollte es folgendermaßen ablaufen: Sie haben zum Essen eingeladen und stellen einige Stunden vor Eintreffen der Gäste bestürzt fest, dass Sie gar nicht genügend Tassen, Teller und Bestecke haben, dass die Tischtücher noch beim Mangeln sind, und, und, und ... In derartige Situationen geraten Sie gar nicht, wenn Sie vor einer Einladung in Gedanken alles einmal durchspielen.

CHECKLISTE

CHECKLISTE

CHECKLISTE

- Wie viele Personen haben problemlos am Tisch Platz?
- Haben Sie für die geplanten Speisen das richtige Geschirr und Besteck?
- Reichen Geschirr und Besteck für mehrere Gänge? Vermeiden Sie möglichst, zwischen den Gängen abspülen zu müssen.
- Für welche Getränke haben Sie ausreichend Gläser?

Rechtzeitig überprüfen sollten Sie auch, ob das Silberbesteck nicht angelaufen ist und ob die Gläser sauber und glänzend poliert sind.
Einen Tisch schön zu decken macht Ihnen selbst Spaß, und Ihre Gäste können den Anblick genießen. Bei einer perfekt gedeckten Tafel sollte das Besteck zum Stil des Essgeschirrs passen. Mit einem rustikalen Hirschhornbesteck isst man beispielsweise nicht von einem feinen Porzellanteller im Biedermeierstil. Das ist ein grober Stilbruch!

Das Auge isst mit

In Ess- und Tafelkultur spiegeln sich die Gesellschaft und das Lebensgefühl einer Epoche wider. Ein schön gedeckter Tisch ist eine Freude für das Auge und vergrößert den Appetit auf ein gutes Mahl. Es schmeckt einfach besser, denn auch das Auge isst mit. Was Sie im Einzelnen brauchen, um jeden Platz richtig einzudecken, erfahren Sie hier.

Blumen, Kerzen und andere schöne Accessoires

Weiße Tischwäsche, Tafelsilber, zwei Kerzen und ein Blumenstrauß in der Mitte – das ist klassisch und stilvoll. Den Tisch können Sie heute aber auch ganz anders dekorieren. Haben Sie Ihre Einladung unter ein bestimmtes Motto gestellt, z. B. »Italienische Nacht«, dann sollte auch die Tischdekoration entsprechend gestaltet werden. Oder Sie laden zu einem romantischen Abendessen bei Vollmond ein, dann können einzelne Rosenblüten über den Tisch gestreut, Kerzen in Mondform oder Schwimmkerzen in einer flachen Schale die Gäste entsprechend einstimmen. Lassen Sie Ihrer Phantasie freien Lauf! Vieles lässt sich als preiswerte und originelle Tischdekoration verwenden: Bänder, Perlen, Stroh und Nüsse.

Die Tafel sollte korrekt, aber nicht phantasielos gedeckt werden.

Vor einigen Jahren gehörte zu einem perfekt gedeckten Tisch immer das einheitliche Geschirr. Heute sind sogar namhafte Geschirrhersteller dazu übergegangen, Porzellanserien mit den verschiedensten Mustern, sogar unterschiedlichen Farben und Formen anzubieten.

Erlaubt ist, was gefällt. Man kombiniert einfarbige Teller mit bunten oder gemusterten Tassen; auch Geschirrteile aus unterschiedlichen Serien können eingedeckt werden.

Tipp

Ausgeprägtes Farb- und Formgefühl sollten Sie haben, wenn Sie mit Kombinationen arbeiten. Einfacher ist es, wenn Sie einzelne Teile einer Serie wählen, die unterschiedliche Muster haben, aber farblich aufeinander abgestimmt sind. Insgesamt gilt: Weniger ist oft mehr!

Tischdecke

Weiße Tischtücher verwendete man bereits im Mittelalter. Früher verdeckte man damit ärmliche Holzplatten, heute liegt das Tuch auf edlen Tischen. Es muss nicht immer die klassische weiße Tischdecke sein. Farben setzen sich immer mehr durch. Wählen Sie beispielsweise einen gemusterten Stoff, der zum einfarbigen Geschirr passt. Auch stilvolle dunkle Farbkompositionen oder indische Brokatdecken werden immer beliebter.

Dem Anlass entsprechend richtig eindecken

Klären Sie folgende Fragen, bevor Sie sich für Tischdecke, Geschirr und Dekoration entscheiden:

CHECKLISTE
- Was ist der Anlass der Einladung (Geburtstag, Party, Jubiläum)?
- Welche Gäste werden erwartet (Familie, Geschäftsfreunde, alt, jung)?
- Welche Dekorationsmittel sind vorhanden?

Bei besonders edlen Tischen wird oft auf Tischdecken oder Sets verzichtet, um die Schönheit des Tisches richtig zur Geltung zu bringen. Mit den Tischdecken verhält es sich ähnlich wie mit der Kleidermode: Was gefällt, ist erlaubt. Allerdings passen Lackfolien, Schleifendekorationen und Spitzendecken nur zu ganz bestimmten Anlässen. Bei einem Kindergeburtstag ist eine Lackfolie ausgesprochen sinnvoll. Sie haben weniger Arbeit, und die Kinder danken es Ihnen, wenn sie sich austoben dürfen, ohne auf die Tischdecke achten zu müssen. Unmöglich sind jedoch die noch zu Großmutters Zeiten verwendeten durchsichtigen Plastikdecken, deren Zweck es war, die Tischdecke zu schonen.

Das sollten Sie wissen

Lackfolien dürfen nicht zu lang sein, denn gerade in diesem Material bleibt man leicht hängen.

Tischkarten

Bei größeren Einladungen werden häufig Tischkarten verwendet und üblicherweise oberhalb des Nachtischbestecks auf den Tisch gestellt. Im Familien-

Mit Blumen können Sie nichts falsch machen

Blumen sehen immer gut aus! Allerdings sollten Sie keine Blumen wählen, deren Duft bei einem Essen aufdringlich wirken und sogar den Geschmack beeinträchtigen könnte. Wichtig ist auch, dass sich die Gäste über den Blumenschmuck hinweg anschauen können.

oder Freundeskreis können Sie Tischkarten mit Vornamen allein beschriften. Bei offiziellem Anlass vergessen Sie nicht die akademischen Titel und Adelstitel! Auch wenn man den größten Teil der Gäste duzt, auf die Tischkarte gehört der Vor- und Zuname. Anders ist es, wenn Sie mit allen Gästen per Du sind; in diesem Fall genügt der Vorname. Überhaupt sollten Sie einheitlich mit den Tischkarten verfahren, also beispielsweise überall Name und Vorname oder aber Herr/Frau und den Namen.

Bei offiziellen Anlässen gibt es im Restaurant Menükarten. Wenn Sie sich bei einer privaten Einladung für Menükarten entscheiden, dann sollten diese hinter der Tischkarte stehen. Sie haben die Wahl zwischen einer Klappkarte, wie sie bei großen Veranstaltungen üblich sind, oder einer einfachen Karte. Auf der rechten Seite der doppelseitigen Menükarte sind die Speisen, auf der linken die Getränke ausgewiesen. Auf der einfachen Karte steht zuerst das Gericht, darunter dann das Getränk, das dazu serviert wird.

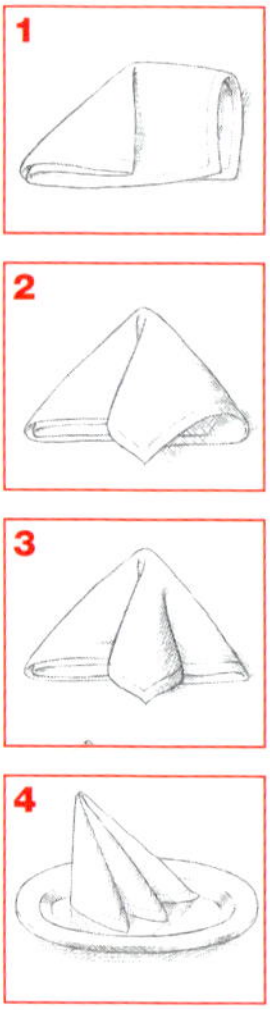

Als Fächer gefaltet kommt die Serviette auf den Teller.

Servietten

Auf jeden Fall sind Servietten ein Muss bei einem richtig gedeckten Tisch. Ob aus Stoff oder Papier, uni oder gemustert, geformt als Fächer oder Hütchen, im Serviettenring oder nur einfach gefaltet – eine Serviette ist dekorativ und praktisch zugleich. Zu einer festlich gedeckten Tafel gehören immer Stoffservietten, bei einem rustikal gedeckten Tisch dürfen es ruhig auch bunte Papierservietten sein. Die Serviette liegt links vom Gedeck oder, meist kunstvoll drapiert, auf dem Teller. Wenn Sie sie nur einmal gefaltet auf den Schoß legen und der Bruch in Richtung Knie zeigt, vermeiden Sie, dass Krümel etc., die zu Beginn des Essens möglicherweise heruntergefallen sind, auf Ihre Kleidung fallen, wenn Sie die Serviette in die Hand nehmen. Wenn das Essen dann beginnt bzw. wenn Sie Ihre Lippen abgetupft haben, um einen Schluck zu trinken, können Sie die Serviette ganz ausbreiten.

Die Serviette bleibt so lange liegen, bis der Gastgeber anzeigt, dass das Essen beendet ist, indem er seine Serviette beiseite legt. Dann ist auch für Sie der Zeitpunkt gekommen, die Serviette zusammenzufalten und wieder links neben dem Gedeck abzulegen. Dabei muss die Serviette nicht in die ursprüngliche Form gefaltet werden. Eine Papierserviette wird nicht gefaltet, sondern einigermaßen ordentlich zusammengedrückt. Der Gastgeber oder der Ober wird Ihnen dankbar sein, wenn Sie sie auch neben den Teller anstatt in die Speise- oder Saucenreste legen.

Das sollten Sie wissen

Wenn es Serviettentaschen gibt, wie das in manchen Pensionen oder Kurhotels der Fall ist, dann kommt die Serviette natürlich nach dem Essen ordentlich gefaltet wieder in das Täschchen.

So werden Servietten während des Essens verwendet

Vor jedem Schluck tupfen Sie mit der Serviette den Mund leicht ab, damit keine Fettflecken auf dem Glas bleiben. Nach dem Essen tupfen Sie sich leicht über die Lippen.

Das Eindecken

Eine festlich gedeckte Tafel für ein mehrgängiges Menü ist ein wirklich schöner Anblick. Unwissenden mag es vorkommen, als wären Besteck und Geschirr nach einem unergründlichen Plan eingedeckt. Das ist aber nicht so, die Anordnung folgt nur ganz praktischen Gesichtspunkten. Für jeden Gang werden ein neuer Teller und ein neues Besteck benötigt. Möglich ist aber auch, dass bei Platzmangel beispielsweise der Suppenlöffel zusammen mit der Suppentasse gereicht wird.

Achtung Fauxpas

Servietten um den Hals binden oder sie ins Hemd oder in die Bluse stecken. Das ist nur in Ausnahmefällen wie beim Spaghetti- und beim Krebsessen erlaubt.

Für Einladungen im kleinen Kreis reicht meist ein Kaffee- und Speiseservice für sechs Personen aus. Dazu gehören Schüsseln, Platten und Saucieren. Natürlich gibt es auch den größeren Luxus, nämlich ein zwölf- bis achtzehnteiliges Service mit Fingerschalen, Buttertellerchen, Suppentassen und, und, und. Prüfen Sie vor einer Einladung zu einem festlichen Abendessen, ob Ihr Geschirr für die Anzahl der Gäste und für die vorgesehenen Gerichte ausreicht. Notfalls können Sie sich auch Geschirr ausleihen.

So arbeiten Sie sich durch die Bestecke

Wenn für ein mehrgängiges Menü eingedeckt ist, beginnen Sie mit dem äußeren Besteck und nehmen für jeden weiteren Gang das nächste. Beachten Sie: Man geht immer von außen nach innen vor!

Frühstück

Zum Frühstück wird ein kleiner Teller eingedeckt, auf dem eine Müslischale stehen kann. Rechts davon steht die Tee- oder Kaffeetasse mit Unterteller und kleinem Löffel, am Kopfende des Tellers der Eierbecher. Links liegt die Gabel, sofern sie benötigt wird, rechts das Messer.

Fünf-Gänge-Menü

Bei einem fünfgängigen Menü brauchen Sie das Geschirr für Vorspeise, Suppe, Fischgericht, Fleisch und Dessert. Das äußere Besteck besteht aus den Teilen, die für die Vorspeise gebraucht werden. Von außen nach innen gesehen liegen auf der rechten Seite: Suppenlöffel, Fischmesser und direkt am Teller das Messer für das Fleisch. Links kommt, von außen nach innen gesehen, das Vorspeisenbesteck, die Fischgabel und die Fleischgabel. Oben quer wird das Besteck für das Dessert eingedeckt. Der Griff der Gabel zeigt nach links, der Löffel nach rechts. Falls es zum Nachtisch frische Früchte gibt, legen Sie statt eines Löffels ein Dessertmesser bei. Links neben dem Teller steht der Brotteller mit einem kleinen Messer für die Butter. Das Besteck für die Vorspeise ist kleiner als das Menübesteck und liegt außen, vorausgesetzt die Vorspeise ist kalt, denn kalte Vorspeisen werden vor der Suppe gereicht. Warme Vorspeisen hingegen werden nach der Suppe serviert. In diesem Fall liegt das Fischmesser zwischen Fleischmesser und Suppenlöffel.

Mehrgängig von der Vorspeise bis zum Dessert und dazu die richtigen Gläser – an der Tafel hat alles seinen richtigen Platz.

Kleines Gedeck

Das sollten Sie wissen
Ob für ein großes Menü oder den alltäglichen Anlass – ein schön gedeckter Tisch erfreut das Auge.

Man benötigt Geschirr für Suppe, Hauptgericht und Dessert. Der Platzteller liegt einen Fingerbreit von der Tischkante entfernt. Decken Sie keinen Platzteller, ist dort der Teller für das Hauptgericht. Das Besteck für das Hauptgericht liegt neben dem Teller: rechts das Messer, links die Gabel. Rechts neben dem Messer liegt der Suppenlöffel. Reichen Sie anstelle einer Suppe eine Vorspeise, dann liegt das entsprechende Besteck außen, also rechts neben dem Messer bzw. links neben der Gabel.

Kleine Geschirr-Besonderheiten

- **Desserts werden in Schalen oder auf kleinen Tellern, die dazugehörigen Saucen in Saucieren serviert.**
- **Fingerschalen und eine zusätzliche Serviette signalisieren dem Gast, dass er mit den Fingern essen darf – aber nicht muss! Die Fingerschale ist links neben dem Teller platziert. Das Wasser darin kann mit einer Zitronenscheibe oder einem Rosenblatt parfümiert werden.**

Kuchen und Kaffee

Für das Gedeck braucht man einen kleinen Teller sowie eine Tasse mit Unterteller. Auf der Untertasse liegt der kleine Löffel, auf dem Teller die Kuchengabel, links neben dem Teller eine kleine Serviette.

Besteck

Im Mittelalter brachten die Gäste zum Essen ihre eigenen Messer mit. Sie steckten im Stiefel oder neben dem Schwert. Erst im 16. Jahrhundert benutzten die Reichen ein komplettes Esswerkzeug. Heute gibt es Bestecke in allen Variationen, schlicht oder kunstvoll gearbeitet, sowie in unterschiedlichen Materialien: silberne, versilberte oder aus Edelstahl. Letztere sind besonders strapazierfähig und pflegeleicht, sie laufen im Gegensatz zum edlen Tafelsilber nicht an. Grundsätzlich gilt, dass Besteck nur an den oberen zwei Dritteln des Griffs gehalten werden darf. Und wenn Sie während des Essens das Besteck auf die Seite legen möchten, weil Sie eine Pause machen, etwas trinken oder noch einmal etwas nachlegen, dann darf das Besteck nicht auf den Tisch gelegt werden. Vielmehr müssen Sie es so geschickt auf den Teller legen, dass es nicht vom Teller rutschen kann und auch nicht mitten in den Speisen liegt. Das Besteck sollte gekreuzt auf dem Teller liegen, wobei die Gabel mit der Wölbung nach oben über der Messerscheide liegt.

Achtung Fauxpas

Benutztes Besteck auf den Tisch legen!

Wenn Sie das Besteck parallel auf dem Teller ablegen, wobei die Griffenden nach halbrechts ausgerichtet sind und die Gabel mit den Zinken nach oben liegt, zeigen Sie an, dass Sie Ihr Essen beendet haben.

Gabel

Die Gabel wird locker in der Hand gehalten, und zwar in der linken (bei Rechtshändern), wenn mit Messer und Gabel gegessen wird. Bei Gerichten, bei denen Sie nur die Gabel benötigen, wird sie in der rechten Hand gehalten. In jedem Fall gilt, dass lieber weniger aufgehäuft wird, um zu verhindern, dass Speisen herunterfallen.

Löffel

Der Löffel liegt locker in der rechten Hand und wird etwa zur Hälfte bis zu zwei Drittel gefüllt. So vermeiden Sie, dass etwas heruntertropft oder -fällt. Wenn Sie den Löffel als Hilfsmittel benutzen, um besser mit der Gabel zurechtzukommen, beispielsweise beim Aufrollen der Spaghetti, dann halten Sie den Löffel in der linken Hand.

Benutzte Löffel werden auf den Unterteller, den Teller oder in die Suppentasse gelegt. Niemals auf der Tischdecke ablegen.

Tipp

Achten Sie beim Kauf von Besteck darauf, ob es spülmaschinenfest ist. Für Tafelsilber gibt es spezielle Tücher, die das Anlaufen verhindern.

Messer

Auf das Messer kann nicht verzichtet werden. Denn nur mit Hilfe des Messers können Beilagen auf die Gabel geschoben werden. Wenn Sie das Messer für Gerichte benutzen müssen, die eigentlich nur mit Gabel und eventuell Löffel gegessen werden, dann legen Sie das benutzte Messer schräg auf den oberen rechten Tellerrand. Beispiel: Gulasch, bei dem die Fleischstücke zu groß sind und deshalb mit dem Messer geschnitten werden müssen. Achten Sie darauf, dass das Messer nicht abrutscht.

Die stumme Sprache des Bestecks

1 Besteck liegt gekreuzt auf dem Teller: Ich brauche eine kleine Essenspause.

2 Die Spitzen des Bestecks liegen am Tellerrand auf, die Stiele am Tisch: Schlechtes Benehmen.

3 Besteck in den Händen, die Handballen auf dem Tisch, das Besteck wird waagrecht gehalten, wobei die Spitze zur Tellermitte zeigt: Ich hätte gern noch was.

4 Das Besteck liegt nebeneinander, die Griffe zeigen auf die 5-Uhr-Position: Bitte abräumen!

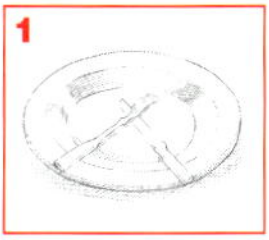

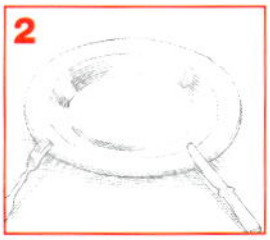

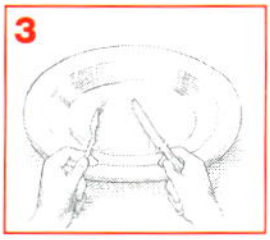

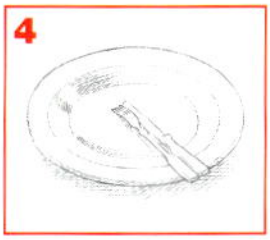

Besteck sagt viel aus – über das Essverhalten, aber auch über die Tischsitten.

Spezialbesteck

Das sind solche Bestecke, die für besondere Gerichte, wie Schnecken, Austern etc., gebraucht werden. Mit den Eigenschaften solcher Spezialbestecke sollten Sie sich vertraut machen, der praktische Umgang damit erfordert zudem meist etwas Übung. Wenn Sie Freunde zu einem Hummeressen nach Hause einladen, können Sie sich auch einmal mit Nussknacker, kleinen Spießchen oder Zahnstochern behelfen. Wenn Sie jedoch häufiger Spezialbestecke benötigen, kann sich die Anschaffung durchaus lohnen.

Spezialbesteck richtig platzieren

Links vom Teller: Krebsbesteck, Schneckenzange, Hummerzange. Rechts vom Teller: Hummergabel, Schneckengabel, Austerngabel, Fonduegabel, Kaviarmesser, Kaviarlöffel.

Das kleine Brotmesser 1 liegt auf dem Brotteller, wo es nach jedem Gebrauch wieder hingelegt wird.
Das Vorspeisenmesser 2 ist meist etwas kleiner und kürzer als ein Fleischmesser.
Das Fischmesser 3 erkennen Sie an der ungewöhnlichen Form und der stumpfen Klinge.
Das Dessertmesser 4 ist klein, liegt quer über dem Dessertteller oder oberhalb des großen Tellers.
Das Käsemesser 5 hat am Ende der Klinge zwei Spitzen, mit denen sich die abgeschnittenen Käsestückchen von der Platte auf den Teller transportieren lassen.
Die Salat- oder Vorspeisengabel 6 ist kleiner und kürzer als die normale Menügabel.
Die Fischgabel 7 hat drei dickere Zinken.
Die Fonduegabel 8 mit langem Stiel ist ein Gar- und kein Essinstrument. Nachdem das fertig gegarte Stück aus dem Fonduetopf geholt wurde, legt man sie auf dem Teller ab.
Der Gourmetlöffel/Saucenlöffel 9 wird nicht eingedeckt, sondern bei Bedarf nachgelegt.

Form und Größe des Bestecks weist auf seinen speziellen Gebrauch hin.

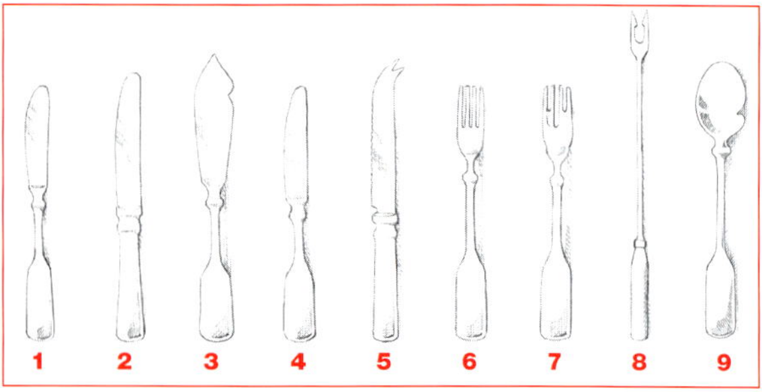

Stäbchen

Haben Sie eine Vorliebe für Fernöstliches? Dann greifen Sie zu Stäbchen. Nur Mut! Mit Stäbchen essen sieht schwieriger aus, als es in Wirklichkeit ist. Immerhin haben es schon Millionen anderer Menschen vor Ihnen gelernt. Wie vieles auf der Welt ist es nur eine Sache der Übung. Egal ob in China, Vietnam oder Japan, Ihre Gastgeber werden es sehr zu schätzen wissen, wenn Sie sich auf die Esskultur des Landes einlassen. Berührungsängste sind fehl am Platz. Ihre Gastgeber werden Ihnen wohlwollend beim Essen mit Stäbchen zusehen, selbst wenn Ihre Versuche anfangs noch etwas unbeholfen wirken mögen. Doch Übung macht den Meister – probieren Sie es immer wieder!

Und so machen Sie es richtig: Das erste Stäbchen legen Sie mit einem Ende zwischen Daumen und Zeigefinger der rechten Hand. Jetzt fixieren Sie das andere Ende zwischen Mittel- und Ringfinger. Das zweite, obere Stäbchen nehmen Sie parallel mit Daumen und Zeigefinger. Sie sollten es frei hin und her bewegen konnen, während das untere Stäbchen immer an seinem Platz liegen bleibt. Wie mit einer Zange fischen Sie sich nun die besten Happen aus Ihrem Essschälchen. Falls Sie den Eindruck haben, vor dem Teller verhungern zu müssen, lassen Sie es sich ruhig noch mal von Ihrem Gastgeber zeigen! Stäbchen werden niemals senkrecht in eine Schale mit Speisen gesteckt. Nach dem Essen legt man sie parallel auf der Essschale oder auf einem kleinen Bänkchen ab.

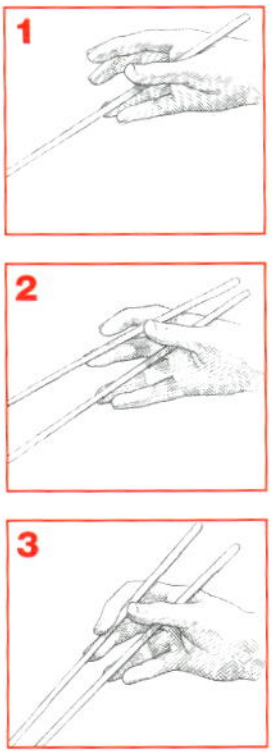

Eine echte Kunst ist das Essen mit Stäbchen. Mit dem richtigen Griff fällt es leicht.

Achtung Fauxpas

Mit Stäbchen auf jemand zeigen.

Rund um das Glas und seinen Inhalt

Eines ist glasklar: Gläser sind viel mehr als nur Gebrauchsgegenstände. Wie schön sieht eine festlich gedeckte Tafel mit verschiedenen Gläsern aus – und seien sie nur für Weißwein und Wasser.

Die Qual der Wahl

Die Auswahl an Gläsern ist heute enorm groß: Es gibt elegante, aber auch rustikale Gläser, geschliffene, glatte, dünne und dickwandige, mit Goldrand versehene, kleine und große, preiswerte und wirkliche Kostbarkeiten. Und es gibt sie für jeden Zweck und für jede Gelegenheit. Diese große Auswahl macht auch eine Entscheidung nicht leicht: Welches Glas braucht man unbedingt, welches möglicherweise und welches überhaupt nicht? Bedenken Sie auch, dass ein Glas zwar in erster Linie ein Trinkgefäß ist, dass die Form eines Glases jedoch erheblich dazu beiträgt, dass das Getränk wirklich gut schmeckt. Und nicht zu vergessen: Auch die Optik spielt eine Rolle beim Genuss.

Tipp

Wenn bei Ihnen weniger Wein, dafür aber eher Schnäpse getrunken werden, wählen Sie lieber ein neutrales mittelgroßes Glas, aus dem Sie Weiß-, Rosé- und Rotweine trinken können. So bleibt dann Platz für Schnapsgläser.

Welches Glas wofür?

Gläser sehen nicht nur gut aus, sondern geben besonders einem edlen Tropfen erst die Möglichkeit, seinen Charakter voll zu entfalten. Die Hersteller bieten eine große Auswahl an Gläsern an, doch keine Angst, Sie benötigen nicht das ganze Sortiment! Wichtig ist herauszufinden, für welche Gelegenheiten Sie häufig und in welcher Anzahl Sie Gläser brauchen. Dann können Sie durch eine geschickte Wahl mit einer begrenzten Anzahl von Gläsern auskommen.

Was gehört nun zu einer Grundausstattung?

- Biergläser
- Rotweingläser
- Weißweingläser
- Sektflöten
- Longdrinkgläser
- Sherry- bzw. Süßweingläser
- Schnapsgläser
- Cognacschwenker

Sie sind aber bereits gut ausgestattet, wenn Sie pro Person zwei in Größe und Form aufeinander abgestimmte Weingläser sowie ein Glas für den Sekt oder Champagner besitzen. Spezielle Wassergläser müssen nicht unbedingt sein. Wenn Sie Aperitifs und Digestifs anbieten, dann sollten Sie entsprechende Gläser kaufen. Ein exquisiter alter Whisky gehört nicht in ein Likörglas, er würde nicht schmecken. Ob Sie wirklich alle aufgeführten Glässertypen benötigen, hängt natürlich in erster Linie davon ab, was Sie selbst häufig trinken und in welchem Rahmen Sie Einladungen geben bzw. welche Getränke dazu üblicherweise angeboten werden. Gläser mit klaren und schlichten Formen passen zu jedem Geschirr, in jede Umgebung und zu jedem Anlass.

Das sollten Sie wissen

Gute Gläser haben makelloses Glas und keinerlei Bläschen oder Unebenheiten.

Wassergläser

Spezielle Wassergläser sind nicht unbedingt erforderlich; Sie können das Wasser sowohl in den Longdrinkgläsern wie auch in Weingläsern servieren – je nach Gelegenheit. Das ist heute üblich und keineswegs ein Stilbruch.

Die Form eines Glases

Sie ist nicht nur eine Frage des Geschmacks. Manche Getränke entfalten ihr Aroma nur in ganz bestimmten Glasformen optimal, beispielsweise Cognac im Schwenker, Rotwein im richtigen Glas.

Welche Getränke in welche Glasform?

1 Weißweine: mittelgroß mit Stiel

2 Leichte Rosé- und Weißweine: filigran und leicht geschwungen

3 Rotweine: etwas größer – breiter und höher – als Weißweingläser

4 Schwere Bordeauxweine: breiter und größer als Rotweingläser

5 Burgunder: pokalförmig, sich nach oben hin verjüngend

6 Champagner, Sekt: Sektflöten

7 Schnäpse: kleine Gläser

Für Weine gibt es viele spezielle Gläser. Sie können jedoch alle Weiß- und Roséweine in Weißweingläsern, alle Rotweine in Rotweingläsern servieren. So kommen Sie mit zwei Arten Weingläser aus.

Ob Rot- oder Weißweine, Champagner oder Schnaps – zu jedem Getränk gibt es das passende Glas.

Neuer Menügang – neues Glas

Im Restaurant werden zu einem mehrgängigen Menü auch verschiedene Weinarten serviert. Mit jeder neuen Weinsorte kommen auch die entsprechenden Gläser auf den Tisch. Für Einladungen zu Hause muss aber nicht ein solcher Aufwand betrieben werden, es reicht je ein Rot- und ein Weißweinglas.

Einige Tipps rund ums Glas

- Verschaffen Sie sich Durchblick! Bunte Gläser sind zwar hübsch, aber für viele Getränke nicht ideal. Die Farbe eines Getränks kann erst in einem klaren Glas richtig zur Geltung kommen.
- Kleine Gläser werden schneller geleert. Das ist der Grund, warum Weißweingläser in der Regel etwas kleiner als Rotweingläser sind, denn Weißwein soll nicht warm werden.
- Rotweingläser haben einen größeren Kelch. So kann sich das Bukett besser entfalten.
- Wein- und Schaumweingläser haben einen Stiel. So bleiben keine Fingerabdrücke auf dem Glas zurück, und der Wein wird nicht erwärmt, wenn man das Glas in der Hand hält. Den Stiel fasst man in der Mitte an. Das sieht nicht nur elegant aus, der Klang ist auch schöner, wenn Sie mit den Gästen anstoßen.
- Für Dessertweine können Sie kleine Gläser nehmen, sie eignen sich auch für den Aperitif.

Das sollten Sie wissen

Vorratskäufe ersparen Ärger – deshalb lieber gleich zwei Gläser mehr kaufen.

Das sollten Sie wissen

Zu Hause müssen Sie nicht den Aufwand eines Restaurants betreiben und können z. B. für Aperitif und Dessertwein eine Sorte von Gläsern wählen. Immer von rechts nach links decken.

- Besser als Sektschalen, in denen der Sauerstoff schnell entweicht, eignen sich für Champagner, Sekt und ähnliche prickelnde Getränke Sektflöten mit spitzen Kelchen, in denen die Perlen langsam aufsteigen können. Schenken Sie zuerst ein, und verteilen Sie erst dann die Gläser.
- Decken Sie die Gläser bei einem mehrgängigen Menü von rechts nach links in der Reihenfolge ein, in der die Getränke serviert werden. Die Gläser werden immer rechts oberhalb des Gedecks platziert.
- So könnte beispielsweise im Restaurant die Reihenfolge für ein großes Menü aussehen, beginnend rechts: Wasserglas, Aperitifglas, Weißweinglas, Rotweinpokal, Sektflöte.
- Zu Hause sieht es so aus, rechts beginnend: Wasserglas, Weißweinglas, Rotweinglas. In der Regel wird nämlich zu Hause der Aperitif im Stehen eingenommen und das Glas für das Getränk zum Dessert erst dann gereicht, wenn das Dessert serviert wird.

So gehen Sie vor

Wie beim Besteck arbeitet man sich bei den Getränken von außen nach innen vor. Man beginnt mit dem Glas, das rechts außen steht, und trinkt sich weiter nach links. Der Grund ist logisch: Der Ober schenkt von rechts ein. In den meisten Restaurants steht das Wasserglas ganz rechts außen.

- Wenn Sie sehr edle Weine servieren, spülen Sie das Glas vor dem Einschenken mit etwas Wein aus. Gießen Sie einen Schluck Wein in ein Glas, schwenken Sie ihn hin und her, dann werden auf dieselbe Art und Weise mit diesem Wein alle anderen Gläser ausgespült.
- Alle Gläser müssen immer sehr gründlich gespült werden, da auch kleinste Spülmittelreste den Geschmack verderben.
- Nicht nur richtiges Spülen, auch Polieren ist wichtig, denn mit Fusseln und Flecken kommt auch das schönste Glas nicht zur Geltung! Zum Polieren der Gläser gibt es spezielle Tücher im Fachhandel.

Tipp

Spülen Sie Schaumwein- und Biergläser wirklich sehr gut mit heißem Wasser mehrmals aus. Denn selbst kleinste Spülmittelreste vermindern das Perlen beim Schaumwein bzw. verhindern, dass beim Bier der Schaum hält.

Welches Getränk wozu?

Die Zeit der strengen Regeln und Gebote ist vorbei. Es gibt keine strikten Vorgaben mehr, zu welchem Gericht man welches Getränk zu trinken hat. Heute sieht man vieles lockerer. »Mut zum eigenen Geschmack«, lautet die Devise. Wenn Sie lieber Weißwein zum Gänsebraten trinken, dann tun Sie es. Lassen Sie sich den Genuss nicht verderben, auch wenn andere sich bei dieser Vorstellung schütteln. Vielleicht stoßen Sie in einem Nobelrestaurant auf das Unverständnis des Obers, wenn Sie beispielsweise zum Hummer einen Rotwein bestellen.

Ein Gläschen Likör oder Süßwein passt zum Dessert.

Denken Sie daran: SIE sind der Gast, und Ihnen soll es schmecken! Als Gastgeber sollten Sie jedoch ebenso tolerant unübliche Getränkewünsche Ihrer Gäste nach Möglichkeit erfüllen.

Alkoholfreie Getränke

Immer mehr Menschen trinken keinen Alkohol. Als Gastgeber sollten Sie darauf vorbereitet sein und genügend Wasser und Säfte gekühlt haben. Als Gast können Sie jederzeit mit Alkoholischem aufhören und auf Softdrinks umsteigen. Lassen Sie halb volle Gläser nicht einfach stehen, sondern bitten Sie rechtzeitig um ein anderes Getränk. Das gilt auch, wenn Wein angeboten wird und Sie keinen Wein mögen oder auch, wenn Sie in diesem Moment lieber ein Bier hätten.

Obwohl sich viele Regeln überholt haben, gilt immer noch die wichtigste: Was steigert den Genuss?

Da sich viele Regeln gelockert haben und in erster Linie der individuelle Geschmack entscheidend ist, kann hier auch nur noch ein lockerer Leitfaden gegeben werden zur ...

... Getränkefolge: Um die Geschmacksnerven nicht zu betäuben, sollten Sie leichte Weine vor schweren, trockene vor lieblichen, jüngere vor älteren und weiße vor roten servieren.

... Getränkewahl: Rotwein trinkt man zu Käse und dunklem Fleisch, wie Gans, Rind oder Wild.

Weißwein passt besser zu allem, was leicht und hell ist, also zu Vorspeisen, Meeresfrüchten, Fisch, Spargel und weißen Fleischarten, wie Geflügel, Schweine- oder Kalbfleisch.
Zum Dessert darf es ruhig Sekt, Champagner oder ein Gläschen Likör sein. Zur Vorspeise wählt man ein zum Gericht passendes Getränk.

Wozu passt welcher Wein?

CHECKLISTE

CHECKLISTE

CHECKLISTE

- Zu Vorspeisen servieren Sie in der Regel am besten einen leichten, trockenen Weißwein. Bei Gänseleber kann er auch etwas schwerer und süßer sein, z. B. eine Spätlese.
- Was gibt es zum Fisch? Je kräftiger der Fisch im Geschmack ist, desto intensiver darf auch der Geschmack des Weißweins sein. Zum gebratenen Fisch passen auch sehr gut schwere, trockene Weißweine.
- Dunkles Fleisch – nicht nur kräftige, dunkle Rotweine, sondern auch ein zarter Spätburgunder kann gut munden, beispielsweise zum Rinderfilet. Probieren Sie einmal zum Wildgeflügel einen kräftigen Weißwein oder eine Spätlese.
- Zu hellem Fleisch oder Geflügel passen kräftige Weißweine, gut sind auch Rosé- oder leichte Rotweine.
- Zum Käse muss es nicht immer Rotwein sein. Blauschimmelkäse schmeckt beispielsweise auch mit einer Beerenauslese. Ein halbtrockener Weißwein, ein Rosé- oder auch ein leichter Rotwein ist gut zu sahnigen, milden Käsesorten.

Rotwein harmoniert mit dunklem Fleisch.

* Zu Gerichten mit Weinsaucen servieren Sie am besten den Wein, mit dem das Gericht zubereitet wurde. Das gilt auch für Fleisch, das in Wein mariniert wurde.
* Süße Weine trinkt man am besten zu Süßspeisen, beispielsweise süßen Sherry, Portwein oder eine Beerenauslese.

Eine kleine Getränkekunde

Alkoholfreie Getränke

Wasser löscht den Durst und macht Ihre Geschmacksnerven frisch für den nächsten Gang. Wasser passt zu allen Gerichten und hilft, den Alkoholspiegel niedrig zu halten. Für einen Feinschmecker gehört Mineralwasser ebenso zum Essen wie ein guter Wein, wobei ein kohlensäurearmes besser verträglich ist.

Tipp

Französische und italienische Wassersorten sind meist feinperlig und mild.

Aperitifs, Cocktails und Co.

Ein Glas Prosecco belebt und macht Lust auf das Essen. Es kann auch ein trockener Martini oder Wermut, ein Kir oder Kir Royal sein. Zu den klassischen Aperitifs zählen Campari, Cinzano, Cynar, Portwein, Pernod und Sherry. Cocktails vor dem Essen sind oft ein bisschen problematisch, da der intensive Geschmack den Geschmack des nachfolgenden Essens beeinträchtigen kann.

Das sollten Sie wissen

Ein Aperitif sollte leicht sein und den Appetit anregen – leichter Wein ist dafür auch geeignet!

Zum Nachtisch einen Digestif

Das Wort »Digestif« leitet sich vom französischen »digerer« ab und heißt verdauen. Bieten Sie nach einem üppigen Mahl Cognac oder Obstbrände wie Kirschwasser oder Williamsbirne an. Gegen Völlegefühl hilft ein Magenbitter – oder ein Kräutertee.

Jeder Biersorte ihr Glas: Pils, Weißbier, Helles, Berliner Weiße. Und ein zünftiger Bierkrug (von links nach rechts).

Hopfen und Malz, Gott erhalt's: Bier

Ein guter Gastgeber hat immer Bier im Kühlschrank. In Restaurants gibt es natürlich Bier – frisch vom Fass. Das Angebot hat sich vergrößert, und es gibt nicht nur Helles, Dunkles, Pils und Weißbier, sondern auch alkoholfreies oder alkoholarmes Bier – sowie regionale Spezialitäten. Passend dazu gibt es entsprechende Gläser, wie Pilstulpen, Weißbiergläser oder einfache Bierkrüge.
Zu deftigen Gerichten, wie z. B. Wurstsalat, Matjesfilets oder Schweinshaxe, passt Bier besser als Wein.

Wein, ein Kapitel für sich

»Unter den Getränken ist es das nützlichste, unter den Arzneien das süßeste und unter den Speisen die angenehmste«, lobte schon der Philosoph Plutarch den Wein. Und damit hat er Recht.
Der richtige Wein zu einem guten Essen – das ist vollendeter Genuss. Wer das anstrebt, sollte sich intensiver mit Wein, den einzelnen Rebsorten,

Tipp

Falls Sie zum Wein gern Wasser trinken, sollten Sie auf die Zitronenscheibe darin verzichten.

Lagen und Jahrgängen befassen. Im Restaurant hilft Ihnen der Ober bei der Entscheidung. In Spitzenrestaurants kann Ihnen der Sommelier, der Weinberater, bei der Wahl behilflich sein.
Wenn Sie zu Hause Wein anbieten, dann sollten Getränk und Gericht zusammenpassen. Also ein schwerer Rotwein eher zu einem kräftigen Fleisch, ein leichter Weißwein zu leichten Gerichten, wie Spargel oder hellem Geflügelfleisch. Weine mit einem ausgeprägten Eigengeschmack sowie süße Weine eignen sich nicht für ein Essen. Ein Getränk sollte niemals den Geschmack eines Gerichts übertönen. Solche Weine eignen sich eher zu Süßspeisen, und zwar in kleinsten Mengen. Aber auch so genannte Dessert- und Schaumweine passen oft zur Nachspeise, ebenso wie Spät- und Auslesen oder der italienische Vinosanto.

Tipp

Wer einen empfindlichen Magen hat, sollte ruhig die alte Weisheit berücksichtigen: »Wein auf Bier, das rat ich dir. Bier auf Wein, das lass sein.«

Das Dekantieren

Dekantieren tut dem Geschmack von Rotweinen gut. Das Depot bleibt zurück.

Alte, edle Rotweine, wie Burgunder- und Bordeauxweine, die ein Depot haben, sollten Sie dekantieren, damit diese Ablagerungen nicht ins Glas gelangen. Zudem kann der Wein durch Kontakt mit Sauerstoff seinen Duft besser entfalten. Das Umfüllen von der Flasche in eine Karaffe sollte langsam und behutsam geschehen, damit der Wein nicht zu sehr geschüttelt wird. Am besten füllt

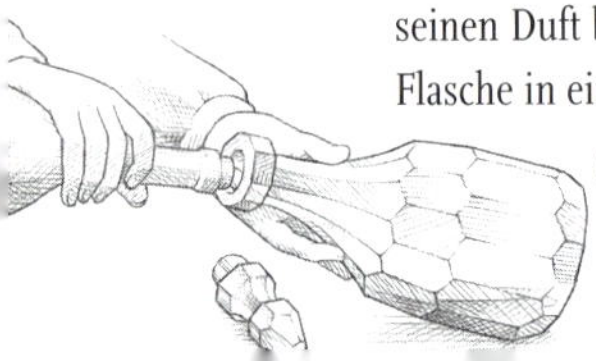

Der Weinspezialist

Der Sommelier (französisch) hatte früher im Kloster die Pflicht, sich um Tischwäsche, Brot und Wein zu kümmern. Heute kann ein Sommelier all Ihre Fragen zum Wein beantworten und wird nach Ihren Vorgaben den Wein vorschlagen, der Ihre persönlichen Ansprüche an einen guten Wein erfüllt und der am besten zu Ihrem Menü passt. Erkennen können Sie den Sommelier – es gibt inzwischen auch Sommelières, weibliche Weinberater – an einem silbernen Probierschälchen, das er am Gürtel hängen hat, sowie einer Schürze. Das Silberschälchen ist notwendiges Handwerkszeug, um in der Dunkelheit des Kellers die Farbe des Weines, der probiert wird, genau feststellen zu können. Glas wäre unter diesen Voraussetzungen nicht so praktisch.

Das sollten Sie wissen

Alle Rotweine schmecken besser, wenn die Flasche etwa zwei bis drei Stunden vorher geöffnet wird.

man solche Weine zwei bis drei Stunden vor dem Servieren um. So bekommen Sie genügend Luft, können sich »beruhigen« und ihr Aroma voll entfalten.

Die richtige Temperatur

Geschmack ist eine individuelle Angelegenheit. So schmeckt dem einen der Weißwein eher kühler, während der andere ihn lieber ein wenig temperiert trinkt. Hier einige Anhaltspunkte:

- Süße Weißweine: 4–6 °C
- Trockene Weiß- und Roséweine, Champagner: 6–10 °C
- Leichte Rotweine, Portwein, liebliche Weine und große Chardonnays: 10–14 °C
- Volle Rotweine, alte Portweine: 14–18 °C.

Achtung Fauxpas
Halten Sie dem Ober nie das Glas beim Einschenken entgegen.

Es war früher üblich, Rotweine in Zimmertemperatur zu servieren. Vergessen wurde dabei jedoch, dass diese Regel noch aus einer Zeit stammt, als es keine Heizungen gab und somit die Raumtemperatur kaum 16 °C überschritt. Lange Zeit wurde der Rotwein deshalb bei uns zu warm serviert, denn man orientierte sich ja an der Temperatur eines geheizten Zimmers. Die optimale Temperatur liegt bei etwa 16 °C.

Benimmregeln rund ums Glas

Einschenken

- Getränke werden von rechts eingeschenkt. Das Glas bleibt auf dem Tisch stehen. Auf keinen Fall reicht es der Gast dem Ober!
- Dem Gastgeber wird vor dem Einschenken die Flasche mit dem Etikett gezeigt. Er nimmt von jeder neu geöffneten Flasche zuerst einen kleinen Schluck, um zu prüfen, ob der Wein nicht »korkelt«, also in Ordnung und die Temperatur richtig ist. Erst dann wird der Wein den Gästen eingeschenkt.
- Wie voll darf ein Glas sein? Größere Gläser

werden maximal bis zur Hälfte und Weinpokale bis zur breitesten Stelle gefüllt. Der Wein braucht Raum, damit er seinen Geschmack richtig entfalten kann. Auch Sekt- und Champagnergläser werden nicht bis zum Rand vollgegossen – als Regel gilt: etwa 3/5 des Glases.

Eingeschenkt wird immer von rechts.

- Trotz Emanzipation sieht es nicht sehr gut aus, wenn im Restaurant oder auch bei einer Gesellschaft eine Dame selbst nach der Weinflasche greift und sich nachgießt. Deshalb: Auch heute noch sollte ein Herr darauf achten, dass die Gläser der Damen gefüllt werden.
- Offener Wein wird im Restaurant entweder glasweise oder in der Karaffe serviert. Im letzten Fall gießt der Ober das erste Glas ein, für das Nachschenken ist dann der Gast selbst zuständig.
- Flaschenweine schenkt hingegen ein aufmerksamer Ober immer nach. Bei Überlastung des Personals können Sie auch selbst nachschenken oder den Ober rufen. In einem guten Restaurant sollte dies jedoch nicht nötig werden.
- Für alle Getränke, die gekühlt besser schmecken, gibt es Flaschenkühler, die ruhig auf dem Tisch stehen dürfen.
- Beim Eingießen hilft ein leichtes Drehen der Flasche nach links oder rechts, den Einschenkvorgang abzuschließen, ohne dass Tropfen auf die Tischdecke fallen. Eine Serviette um den Flaschenhals verhindert besonders bei Rotwein unansehnliche Flecken auf der Tischdecke.

Gläser nie ganz füllen – der Wein kann sich sonst nicht entfalten.

Anstoßen – zum Wohl!

Das sollten Sie wissen
Es ist nicht »fein«, mit allen anstoßen zu wollen.

Das Anstoßen wird im Allgemeinen nur bei besonderen Anlässen und nur mit Wein, Sekt und Champagner praktiziert. Wenn Sie keinen Alkohol trinken, dürfen Sie natürlich auch mit dem Wasserglas anstoßen. Es ist üblich, dass der Gastgeber sein Glas zuerst hebt. Der erste Schluck wird immer gemeinsam getrunken – auch ohne Anstoßen. Prosit bedeutet »Zum Wohl«, umgangssprachlich wird daraus »Prost«.

Prosit – so ist es richtig

Der Korken bei Sekt- und Champagnerflaschen sollte nicht knallen.

Das Glas am Stiel anfassen und das Glas des Tischnachbarn vorsichtig antippen. Dabei berühren sich die Gläser an der Oberkante. Sie blicken Ihrem Tischnachbarn in die Augen, lächeln und nehmen ein Schlückchen. Dann wiederholen Sie noch einmal: Heben Sie das Glas an, sehen Sie Ihrem Gegenüber noch einmal in die Augen, und dann erst setzen Sie das Glas ab. Bei unübersichtlich großen Tischrunden beschränken Sie sich auf die nächsten Tischnachbarn.

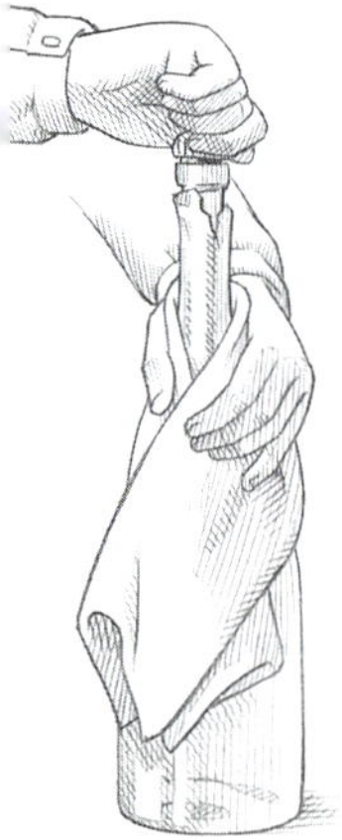

Darf der Korken knallen?

Sekt-, Champagner- oder Proseccoflaschen sollten so geräuschlos wie möglich geöffnet werden. Dazu drehen Sie nicht den Korken, sondern die Flasche langsam und vorsichtig in eine Richtung. Eine um die Flasche gelegte Serviette macht diese »griffiger«.

Schluck für Schluck – alles richtig machen

- Geräuschlos zu trinken ist so selbstverständlich, dass es eigentlich gar nicht besonders erwähnt werden muss.

- Vor jedem Schluck tupft man sich den Mund mit der Serviette ab, um den Glasrand nicht mit Fett zu beschmutzen.
- Wenn der Ober eine neue Sorte Wein servieren möchte, bevor Sie ausgetrunken haben, bitten Sie ihn, so lange zu warten, bis Sie Ihr Glas geleert haben. Denn wenn Sie mit einem neuen Getränk begonnen haben, sollten Sie nicht mehr alte Reste austrinken. Das gilt für unterschiedliche Weinsorten und noch mehr natürlich für unterschiedliche Getränke, wie Aperitif und Wein, Wein und Cognac.
- Auf keinen Fall sollte man nachschenken, wenn sich noch Rotwein im Glas befindet. Das zerstört das Bukett. Weißwein darf nachgeschenkt werden, aber nur aus derselben Flasche.
- Wohin mit den Händen? Sie greifen mit der rechten Hand nach dem Glas und legen die linke Hand am besten links neben den Teller.
- Es gilt übrigens nicht als fein, wenn der kleine Finger beim Halten eines Glases oder auch einer Tasse abgespreizt wird.

Achtung Fauxpas

Neuen Wein in ein Glas gießen, in dem sich noch Reste einer anderen Weinsorte befinden. Der Geschmack kann total verdorben werden.

Ein Stück Kork schwimmt in Ihrem Glas?

Nehmen Sie ein sauberes Messer oder eine Gabel, fischen Sie den Kork heraus und legen Sie ihn auf einem Teller ab. Im Restaurant geben Sie das Glas zurück.

Guter Rat für Gastgeber & Gäste

Wenn Menschen sich mögen, werden sie sich irgendwann einmal gegenseitig einladen. Wie man sich verhält, wenn man einladen möchte oder eingeladen wird – das hängt natürlich immer vom Anlass ab und davon, wie gut man sich bereits kennt.

Locker sein

Für alle Einladungen gilt: Lieber einmal einen Fauxpas begehen, als den ganzen Abend nicht genießen aus lauter Angst, einen Fehler zu machen. Das verdirbt nämlich nicht nur Ihnen, sondern auch allen Anwesenden das Vergnügen. Und falls doch einmal ein Malheur passiert: Meistern Sie die Situation mit Humor und Charme!

Visitenkarte des Gastgebers: die Einladung

Gedruckt oder handgeschrieben – die Einladungskarte sollte Ort, Datum, Uhrzeit und Anlass enthalten.

Eine Einladung ist schnell ausgesprochen, rückt der vereinbarte Termin jedoch näher, tauchen nicht selten Schwierigkeiten auf, mit denen man vorher nicht gerechnet hat. Dem kann man durch eine gute Planung und Organisation vorbeugen. Sprechen Sie also eine Einladung nicht leichtfertig aus, sondern bitten Sie Gäste nur zu sich, wenn Sie das wirklich wollen. Denn dann haben nicht nur Ihre Gäste etwas von einer Einladung – auch Sie als Gastgeber können das Fest genießen.

Einladen mit Stil

Früher waren Einladungen meist gesellschaftliche Verpflichtungen, die sehr förmlich abliefen und absolviert werden mussten. Heute lädt man nicht nur formloser ein, sondern besucht sich auch zwangloser. Dennoch sind einige Regeln zu beachten, wenn Sie einladen wollen. Das beginnt in dem Augenblick, in dem Sie eine Einladung aussprechen.

Die schriftliche Einladung

Wenn es sich um ein großes Fest wie eine Hochzeit oder Konfirmation handelt, kommt man um eine schriftliche Einladung nicht herum. Sie kann handgeschrieben oder auch gedruckt sein. Eine gedruckte Einladung wird persönlicher, wenn man handschriftlich noch ein paar Zeilen hinzufügt oder wenigstens unterschreibt. Ist der Anlass der Einladung offiziell, dann ist folglich auch der Stil der Einladungskarte sachlich.

Knacken Sie den Abkürzungscode

- **»u. A. w. g.« bedeutet »Um Antwort wird gebeten«, was für den Gastgeber wichtig ist, da er entsprechend planen muss.**
- **»R. s. v. p.« ist die französische Version.**

Im Zusammenhang mit der Uhrzeit gibt es folgende Abkürzungen:

- **»s. t.« heißt »sine tempore«: Um pünktliches Erscheinen wird gebeten. Meist bei Veranstaltungen mit Programm.**
- **»c. t.« heißt »cum tempore«: Sie dürfen ruhig 15 Minuten nach der angegebenen Zeit kommen. Meist bei großen Empfängen.**

Im Freundeskreis kommen lustige Karten, originelle Briefe oder auch eine Einladung per Fax gut an. Als Eingeladener bedankt man sich selbstverständlich für die Einladung und sagt rechtzeitig zu oder ab.

Das sollten Sie wissen

Offizielle gedruckte Einladungen werden durch ein paar handschriftliche Worte persönlicher. Auch hier gilt das richtige Maß – nicht zu steif, aber auch nicht zu flapsig formulieren.

Die mündliche Einladung

Das sollten Sie wissen

Jede Einladung muss folgende Angaben enthalten:
- *Anlass*
- *Zeit und Ort*
- *Hinweis auf Kleidung (bei offiziellen Gelegenheiten)*

Bei der mündlichen Einladung – auch per Telefon – handelt es sich um die persönlichste Form, Gäste zu sich zu bitten. Folgende Punkte sollten dabei geklärt werden: der Anlass für die Einladung, Zeit und Ort, Art der Einladung und auch, ob noch andere Gäste kommen. Der Vorteil bei einer solchen Einladung liegt darin, dass persönliche Wünsche gleich angesprochen werden können, beispielsweise wenn ein Gast Vegetarier oder Diabetiker ist oder keinen Alkohol trinkt.

Pünktlichkeit ist die Höflichkeit der Könige

Weder zu früh noch zu spät kommen – beides ist für den Gastgeber unangenehm.

Pünktlichkeit gehört zum guten Ton. Wenn für die Einladung eine feste Zeit genannt wurde, erscheint man selbstverständlich pünktlich. Sollten Sie schon vor dem Termin wissen, dass Sie vermutlich nicht ganz pünktlich sein können, weil Sie beispielsweise an diesem Tag von einer Reise zurückkommen und eine Verspätung durch Verkehrsstau oder dergleichen möglich ist, so sollten Sie dies gleich bei der Zusage zur Einladung erwähnen. Ihr Gastgeber kann sich dann auf eine solche Eventualität einstellen. Stellt sich erst kurz vor dem Termin heraus, dass Sie sich mehr als zehn Minuten verspäten werden, dann sollten Sie unbedingt so schnell wie möglich anrufen, sich entschuldigen und Ihrem Gastgeber mitteilen, wann er mit Ihrem Erscheinen rechnen kann. Falls Sie erst eintreffen, während die anderen Gäste bereits beim Essen sitzen, dann sollten Sie nicht

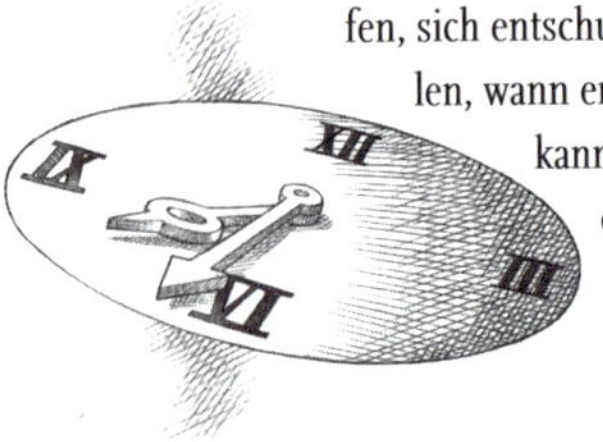

Darf es vielleicht früher sein?

Sie sollten auf keinen Fall früher erscheinen, denn kein Gastgeber ist begeistert, wenn der erste Gast eintrifft und der Tisch noch nicht einmal eingedeckt ist. Und selbst wenn schon alles vorbereitet ist – auch der Gastgeber braucht ein paar ruhige Minuten, bevor die Gäste kommen. Sind Sie zu früh am verabredeten Ort, dann gehen Sie lieber spazieren.

jeden einzeln begrüßen und somit beim Essen stören. Sie können das nach dem Essen tun. Ein solcher Fall sollte aber wirklich nur eintreten, wenn es dafür Gründe gibt, die nicht Sie zu verantworten haben.

Kleine Geschenke erhalten die Freundschaft

Es ist nicht nur in Deutschland, sondern auch in vielen anderen Ländern eine schöne Sitte, dem Gastgeber ein kleines Geschenk – als Dank für die Einladung – mitzubringen.
Üblich und neutral ist ein Blumenstrauß für die Gastgeberin oder eine Flasche Wein für den Gastgeber. Das Mitbringsel sollte nicht zu teuer sein und dem Rahmen der Einladung entsprechen. Sind Sie zu einem Glas Wein eingeladen, genügt ein kleines Sträußchen, für eine Essenseinladung wird der Blumenstrauß etwas größer ausfallen.

Das sollten Sie wissen

Auch bei Einladungen ohne Essen sollte man pünktlich sein.

Bei den Mitbringseln sollten Sie auch bedenken, dass sich andere Gäste möglicherweise nicht so wohl fühlen, wenn Sie etwas schenken, was den üblichen Rahmen sprengt.
Keinesfalls sollte das Geschenk zu teuer ausfallen. Sie verpflichten damit nämlich den Beschenkten, sich in entsprechender Form zu revanchieren. Dann macht ein Geschenk keine Freude, sondern schafft Probleme!
Gastgebern, die Sie besser kennen, können Sie auch etwas anderes als Blumen mitbringen. Dabei sollten Sie sich eher zu viel als zu wenig Gedanken machen. Auf Begeisterung werden Sie nicht stoßen, wenn Sie jemandem, der weniger rauchen will, einen Aschenbecher schenken oder einem Anhänger der Rockmusik eine Klassik-CD überreichen.

Freude bereiten Sie auf jeden Fall, wenn Sie den Kindern etwas mitbringen. Aber auch hier ist Vorsicht angebracht. Viele Eltern schätzen es oft nicht, wenn die Kleinen Süßigkeiten, Trillerpfeifen oder Spielzeugpistolen erhalten. Auch bei Malstiften ist – je nach Alter der Kinder – Vorsicht geboten.

Wirkt aufmerksam: Bei offiziellen Einladungen werden die Blumen für die Gastgeberin vorher abgegeben.

Besonders bei offiziellen Einladungen ist es angebracht, einen Blumenstrauß mit einem Kärtchen bereits zwei Stunden vor der Einladung abgeben zu lassen. Das hat den Vorteil, dass die Hausfrau in Ruhe die Gäste begrüßen kann und nicht die Blumen in die Vase stellen muss. Man verschenkt üblicherweise immer Schnittblumen, keine Zimmerpflanzen oder Blumentöpfe. Bei kleineren Sträußen achtet man auf eine ungerade Zahl an Blumen.

Geschenke auspacken

Wenn Sie viele Gäste erwarten, sollten Sie die mitgebrachten Geschenke kennzeichnen, so dass Sie, wenn Sie später auspacken, sich bei jedem Gast für sein Geschenk bedanken können. Als Gast können Sie es dem Gastgeber bei großen Einladungen leichter machen und ein Kärtchen in das Geschenk legen. Ansonsten werden Geschenke im Beisein der Gäste geöffnet.

Blumen werden bei uns ohne Papier überreicht. Nicht jede Blume passt überall: Chrysanthemen erinnern an Friedhof, rote Rosen sind der Herzdame vorbehalten. Auch mit Lilien, die durch stark färbenden Blütenstaub Flecken verursachen können, bereiten Sie nicht immer Freude. Wenn Sie ein kleines Geschenk mitbringen, wie beispielsweise Pralinen oder eine Flasche Wein, werden solche Mitbringsel hübsch verpackt überreicht. Eine kunstvolle Verpackung ist bereits Teil des Geschenks.

Das sollten Sie wissen

Liebevoll ausgewählte kleine Mitbringsel machen den Gastgebern immer Freude, nicht nur Geschenke bei Festen wie Geburtstagen oder Hochzeit.

Herzlich willkommen – die Begrüßung

Die Begrüßung fällt entsprechend dem Grad der Bekanntschaft aus – offiziell korrekt oder freundschaftlich leger mit Umarmung und Küsschen auf die rechte und linke Wange. Es gilt die Regel, dass zuerst die Damen, dann die Herren, zuerst die Älteren, dann die Jüngeren begrüßt werden. Kennen sich die Gäste nicht, übernimmt der Gastgeber das Bekanntmachen. Dies geschieht nach folgendem Prinzip:

Der Herr wird der Dame vorgestellt, nicht umgekehrt.

- Der Herr wird der Dame vorgestellt,
- der Jüngere dem Älteren.

Bei größeren Veranstaltungen, bei denen es nicht möglich ist, die einzelnen Gäste miteinander bekannt zu machen, stellt sich jeder selbst vor – in der Art und Weise, wie er das möchte. Frauen können beispielsweise sagen: »Ich bin Marion Mustermann« oder »Ich bin Frau Mustermann« oder »Mein Name ist Mustermann«. Es reicht auch nur der Nachname, was praktisch ist, wenn Sie sich in größerer Runde vorstellen und Ihren Namen häufig nennen müssen.

Die Herren der Schöpfung stellen sich immer ohne »Herr« vor, also üblicherweise nur mit dem Nachnamen oder mit Vor- und Nachnamen.

In Deutschland wird heute übrigens ein erwachsenes weibliches Wesen im Allgemeinen mit »Frau« angesprochen. Es kann aber auch vorkommen, dass junge Mädchen älter aussehen, als sie sind, oder generell lieber mit »Fräulein« angesprochen werden möchten, ebenso gibt es ältere unverheiratete Frauen, die Wert auf die Anrede »Fräulein« legen.

Das sollten Sie wissen

Ein Titel geht in Deutschland nicht automatisch auf den Ehepartner über.

Wurde früher großer Wert auf Titel auch in der mündlichen Anrede gelegt, so hat sich das heute verändert. Generell gilt, dass bei mehreren Titeln der höchste Titel genannt wird. Beispiel:

Herr Professor Dr. Dr. Max Mustermann wird mit »Herr Professor Mustermann« angesprochen. Korrekt wird ein Titelträger mit seinem Titel angeredet. Erst wenn dieser anbietet, ihn nur mit Namen anzusprechen, sollten Sie das tun. Ansonsten wird jeder so angesprochen, wie er sich vorstellt – mit oder ohne Titel.

Das sollten Sie wissen
Ein Graf wird ohne »Herr«, also beispielsweise »Graf Hohenfels«, angeredet.

Das Vorstellen

Ob Sie bei der Vorstellung eines Gastes den Beruf, ein Hobby oder den Wohnort hinzufügen, hängt sowohl von der Situation wie auch von den einzelnen Personen ab. Viele Menschen schätzen es nicht, wenn solche Details vor Dritten preisgegeben werden. Sie ziehen es vor, solche Informationen selbst zu geben – oder auch nicht. Auch wenn es den Einstieg in ein Gespräch erleichtert, sollten Sie als Gastgeber lieber vorsichtig mit derartigen Hinweisen sein.

Mauerblümchen integrieren

Als guter Gastgeber sollten Sie darauf achten, dass schüchterne Menschen integriert werden. Kümmern Sie sich besonders um Singles oder auch Paare, die allein herumstehen. Es ist wichtig, solche Menschen möglichst schnell mit anderen Gästen bekannt zu machen. Wenn sich erst Gruppen gebildet haben, ist es schwer für Schüchterne, noch Anschluss zu finden.

Das sollten Sie wissen
Auch wenn es zwanglos zugehen soll, erleichtert das Vorstellen durch einen Dritten das Kennenlernen vor allem den schüchternen Gästen.

Bei großen Festen ist es unmöglich, einzelne Gäste vorzustellen. Das schafft man zum einen aus Zeitgründen nicht, und zum anderen könnte man sich die vielen Namen gar nicht merken. Stattdessen kann der Gastgeber beispielsweise den Neuankömmling einer kleineren Gruppe zuführen und ihn dort vorstellen. Im Laufe des Abends lernen sich die Gäste dann sowieso kennen.
Bei offiziellen Anlässen stellt der Gastgeber die wichtigsten Gäste vor, indem er den Namen und die Funktion nennt. Das kann schwierig werden, denn leicht fühlt sich ein nicht genannter Gast übergangen. Es erfordert viel Fingerspitzengefühl, wenn nicht alle Gäste namentlich genannt werden und sich dennoch keiner zurückgesetzt fühlen soll. Einfacher ist es, wenn nur der Ehrengast oder der oder die Redner vorgestellt werden.
Als Zeichen der Ehrerbietung steht man beim Vorstellen auf, es sei denn, körperliche Gebrechen hindern einen daran. Dabei gilt: Der Herr erhebt sich vor der Dame, der Jüngere vor dem Älteren.

Schlips oder Fliege? – die Kleiderordnung

»Kleider machen Leute«, dieser Spruch gilt heute genauso wie früher – trotz Jeans, Sporthemd und offenen Sandalen. Es ist nicht zu übersehen: Die Kleidung ist legerer geworden; auch hier haben sich die Grenzen verwischt. Häufig gilt: Erlaubt ist, was gefällt. Dennoch sollte die Kleidung immer der Situation entsprechen.

So sind Jeans und Turnschuhe bei einem Picknick völlig in Ordnung; zu einer Essenseinladung sollten Sie – dem Rahmen entsprechend – anders gekleidet sein. Welcher Gastgeber will schon einen Gast bei Tisch sitzen haben, der aussieht, als käme er gerade vom Sportplatz? Zu elegant ist oft ebenso fehl am Platz wie zu lässig. Nicht nur der Anlass, die Tageszeit, das Ambiente, auch das Alter spielt eine Rolle, wenn es darum geht, die Kleidung für eine Einladung auszuwählen. Sind Sie zum Kaffeetrinken, zum Essen, zu einer Party oder zu einem Bankett eingeladen?

Souverän ist, wer stets die dem Anlass entsprechende Kleidung wählt.

Empfang am Vormittag, Mittagessen oder Kaffeeeinladung

Anzug für den Herrn, Kleid oder Hosenanzug für die Dame. Auch ein Kostüm mit Hut kann angemessen sein. Schmuck lieber etwas dezent.

Offizielles Abendessen, Cocktailparty

Dunkler Anzug für den Herrn, elegante Kleidung für die Dame. Schmuck ist jetzt reichlicher erlaubt.

Bankett oder Ball

Smoking, evtl. auch Cut oder Frack, oder zumindest dunkler Anzug für den Herrn. Abendkleid, auch lang. Viel Schmuck für die Dame.

Falls aus der Einladung nicht hervorgeht, welche Kleidung passend ist, darf man ruhig beim Gastgeber nachfragen, damit der Stil stimmt.

Kleidung soll zusammenpassen

Der Stil der Kleidung sollte bei Paaren zusammenpassen. Auch die Farben sollten harmonieren. Deshalb empfiehlt es sich, rechtzeitig abzusprechen, welches Kleidungsstück Sie bzw. Ihr Partner tragen.

Achtung Fauxpas
Zu elegante Kleidung kann fehl am Platz sein, ebenso wie zu lässige.

Denn wenn bei einem festlichen Abendessen ein Gast in Jeans erscheint, ist das nicht nur optisch ein Störfaktor, eine unpassende Kleidung kann sich durchaus auch auf die Stimmung negativ auswirken. Für private Einladungen müssen es nicht immer Anzug oder Kostüm sein. Ein Blazer, z. B. mit einem edlen Pulli kombiniert, lässt Sie auch in Jeans gut aussehen.

Vom festlichen Abendessen bis zur Party – Regeln für jeden Anlass

»Ein Leben ohne Feste ist eine weite Reise ohne Gasthaus«, wusste schon der Philosoph Demokrit. Die Vorbereitung beginnt mit den Überlegungen, wen Sie einladen wollen, wie Sie das Fest gestalten, wann und wo es stattfinden soll. Ist das geklärt, haben Sie die Gäste eingeladen, das Menü festgelegt, dann können Sie an die Organisation gehen. Natürlich muss alles so vorbereitet sein, dass der Abend reibungslos ablaufen kann. Ein Fragebogen hilft:

- Haben Sie notiert, wer kommen wird?
- Haben Sie eine Tischordnung vorgesehen – wer neben wem?
- Soll es Tischkarten geben?
- Sind Menükarten angebracht?
- Haben Sie genügend Geschirr, Besteck, Gläser, Tischdecken, Servietten etc.?
- Ist die Einkaufsliste für Essen und Getränke vollständig?
- Können Sie alle Getränke kühlen?
- Reicht der Platz für die Garderobe der Gäste?
- Sind genügend Sitzgelegenheiten vorhanden?
- Ist für eine Stehparty ausreichend Platz?
- Gibt es Abstellmöglichkeiten für Teller, Gläser und Aschenbecher?
- Haben Sie eventuelle besondere Wünsche der Gäste berücksichtigt?
- Haben Sie für die Gäste, die zum ersten Mal zu Ihnen kommen, eine Wegskizze mit Ihrer Telefonnummer angelegt – falls Ihr Haus schwierig zu finden ist?
- Wenn Kinder mitkommen: Haben Sie daran gedacht, dass sie vielleicht nicht alles essen, was auf den Tisch kommt? Haben Sie für Beschäftigungsmöglichkeiten (Spielsachen etc.) vorgesorgt? Denken Sie daran – je nach Alter der Kinder –, eventuell zerbrechliche Gegenstände in Sicherheit zu bringen.
- Haben Sie bei einer großen Party an eine Hilfe gedacht?

Kinder freuen sich – und die Eltern ebenso –, wenn an sie gedacht wird.

- Wenn Sie viele Leute einladen, dann sollten Sie Gegenstände aus Ihrer Wohnung entfernen, die leicht zu Bruch gehen oder über die man stolpern könnte.
- Sind genügend Gästehandtücher im Bad, haben Sie für reichlich WC-Papier gesorgt?
- Haben Sie griffbereit: Nadel und Faden, Fleckmittel, Aspirin, Sicherheitsnadeln etc.?

Das sollten Sie wissen

Wohnung und Gastgeber sollten auf die Gästeschar vorbereitet sein – auf spielende Kinder, den Andrang der Gäste, kleine Malheurs ...

Planung ist die halbe Arbeit

Wenn Sie zu einer großen Party einladen, können Sie einen Partyservice beauftragen. Er liefert alles – inklusive Personal. Preiswert allerdings ist er nicht. Wenn Sie selbst eine größere Einladung ausrichten, dann sollten Sie sich rechtzeitig um Helfer bemühen bzw. festlegen, wer welche Aufgaben übernimmt. Bei einem Büfett muss meist zwischendurch gespült

Auch die Temperatur spielt eine Rolle für das Gelingen eines Festes

Wenn es dann so weit ist, sollten Sie auch an die Raumtemperatur denken: Bevor die Gäste eintreffen, prüfen Sie noch einmal alles. Achten Sie darauf, dass die Räume im Winter nicht zu sehr geheizt sind, denn die Temperaturen steigen schnell, je mehr Menschen versammelt sind. Wenn Sie viele Kerzen als Dekoration verwenden, wird es ebenfalls schnell warm.

werden. Auch wenn Sie eine Spülmaschine haben, sie muss ein- und ausgeräumt werden. Wenn Sie eine klare Arbeitsteilung vor dem Fest festlegen, kann gar nichts schief gehen.

Überlassen Sie nichts dem Zufall, und glauben Sie nicht, es werde schon irgendwie klappen. Dann ist nämlich das Chaos programmiert! Teilen Sie ein, wer sich um die Getränke, wer sich um das Essen und wer sich um schwierigere Gäste kümmert. Am besten machen Sie einen Plan – schriftlich.

Achtung Fauxpas

Eine Party will organisiert sein. Nachlässige Gastgeber gefährden das Fest, weil sie sich zu wenig um die Gäste kümmern können.

Entspannter Gastgeber – entspannte Gäste

Vergessen Sie nicht, dass Ihre Gäste zu Ihnen kommen, also auch etwas von Ihnen haben möchten. Der Sinn einer Einladung sollte darin liegen, dass der Gastgeber sich seinen Gästen widmen kann und nicht völlig abgehetzt zwischen Küche und Büfett hin- und herrennt.

Der Gast des Gastes

Wenn Sie eingeladen sind und gerne einen Gast mitbringen möchten, weil Sie beispielsweise Besuch aus dem Ausland haben, dann fragen Sie unbedingt beim Gastgeber an, ob ihm das recht ist. Bevor Sie anfragen, sollten Sie sich selbst fragen, ob Ihr Gast zu den anderen eingeladenen Gästen passt. Sie sollten auch dann anfragen, wenn es um Partys und große Einladungen geht, also Veranstaltungen, bei denen man vielleicht annehmen könnte, es käme nicht auf einen Gast mehr oder weniger an. Das tut es nämlich schon; außerdem gebietet es die Höflichkeit.

Im Restaurant

Wenn Sie eine Einladung in einem Restaurant machen, dann bestellen Sie rechtzeitig einen Tisch – am besten einen separaten Raum. Besprechen Sie das Menü und die Getränkefolge, wobei Sie auch die Sonderwünsche Ihrer Gäste nicht vergessen sollten. Legen Sie die Sitzordnung fest, besprechen Sie mit dem Ober, in welchen Abständen Sie die einzelnen Gänge serviert haben möchten. Vielleicht ist ja eine Tischrede geplant. Wenn Kinder dabei sind, sollten Sie möglicherweise ein Lokal mit einem Spielplatz in Betracht ziehen.

Festliches Abendessen

Zu einem festlichen Abendessen sollten Sie rechtzeitig einladen, und zwar schriftlich – etwa vier Wochen vor dem Termin. Üblicherweise laden Sie gegen 19.30 Uhr, so haben Berufstätige Zeit zum Umziehen, und es wird für das Essen nicht zu spät.

Entspannt die Party genießen – übersichtlich mit einem aufgetischten Büfett.

Büfett

Wenn Sie mehr als zehn Leute einladen wollen, bietet es sich an, ein Büfett herzurichten. Dazu benötigen Sie einen entsprechend großen Tisch – ideal wäre lang und schmal, so dass man leicht an alle Speisen gelangen kann. Ein Büfett hat den Vorteil, dass der Gastgeber alles vorbereiten kann. Meistens gibt es kalte und warme Speisen (auf Warmhalteplatten), Vor- und Nachspeisen. Achten Sie darauf, dass Sie Speisen wählen, die nicht unappetitlich aussehen, wenn sie längere Zeit auf dem Tisch stehen.

Besteck, Teller, Servietten und auch Gläser sollten leicht erreichbar sein. Die Gäste bedienen sich selbst. Es gibt keine Tischordnung. Man setzt sich, wo gerade Platz ist. Gegessen wird im Allgemeinen im Sitzen. Die Teller nicht zu voll aufladen. Es sieht nicht gut aus, und die Gefahr, dass etwas zu Boden fällt, ist groß. Sie können so oft Sie wollen zum Büfett gehen. Bei jedem Gang nehmen Sie einen neuen Teller und neues Besteck.

Tipp

Auch bei einem Ball für ausreichend Sitzmöglichkeiten sorgen – tanzen und stehen ist zu anstrengend.

Ball/Tanzfest

Am besten verschicken Sie Einladungskarten, aus denen Anlass und eventuell Kleiderordnung hervorgehen. Anlässe für solche Feste sind beispielsweise Verlobung, Hochzeit, Geburtstag, Fasching. Oder machen Sie eine Gartenparty zum Sommeranfang. Der Phantasie sind keine Grenzen gesetzt. Doch es sollten schon mindestens zwölf Gäste sein, damit die richtige Stimmung für einen Ball aufkommen kann.

Wie das Fest im Einzelnen gestaltet wird, hängt vom Anlass ab. Beispielsweise könnte jeder Gast mit einem Glas Sekt begrüßt werden, dann könnte es mit Bowle weitergehen. Und nach Mitternacht gibt es für den kleinen Hunger noch eine Suppe. Der erste Tanz ist für die Dame reserviert, mit der man(n) gekommen ist. Falls der Gastgeber dem Herrn eine Tischdame zugeteilt hat, gehört ihr der erste Tanz.

Eine Erfrischung zwischendurch belebt die Tanzenden, z. B. eine gut gekühlte Bowle.

Danach darf und soll jeder mit jedem tanzen. Ein Ratschlag für die Damen bei privaten Einladungen: Geben Sie einem Mann möglichst keinen Korb. Und wenn Sie es doch tun, dann bitte mit einem freundlichen Lächeln und viel Charme.

Betriebsfest

Achtung Fauxpas
Gerade auf einem Betriebsfest sollte man Entgleisungen vermeiden.

Auf einem Betriebsfest hat man die Möglichkeit, sich mit den Kollegen einmal außerhalb des Geschäfts zu treffen und andere Mitarbeiter in lockerer Stimmung kennen zu lernen. Das kann ein Fest auf dem Firmengelände, ein Ausflug oder ein festliches Essen o. Ä. sein. Je nach Firma und Fest ist der Partner, manchmal sogar die ganze Familie dazu eingeladen. Das ist gut und förderlich für das Betriebsklima – unter der Voraussetzung, dass man auch bei solchen Festen den nötigen Abstand wahrt und sich nicht durch übermäßigen Alkoholgenuss zu unüberlegten Worten oder Taten hinreißen lässt. Ein Betriebsfest ist kein Platz für Vertraulichkeiten. Achten Sie auf korrektes Benehmen, dann geben Sie keinen Anlass zum Klatsch. Auch ein Betriebsfest – und mag es noch so leger oder sportlich zugehen – ist eine geschäftliche Veranstaltung. Das gilt auch bei der Kleidung: Tiefe Ausschnitte und kurze Röcke der Damen werden zwar von den Herren gern gesehen, könnten aber falsche Rückschlüsse zulassen.

Brunch

Anstatt zu einem richtigen Mittagessen mit vorgegebener Sitzordnung können Sie zum Brunch einladen. Das ist eine Kombination aus Frühstück (breakfast) und Mittagessen (lunch). Bei den Franzosen heißt das »déjeuner« im Vergleich zum »petit déjeuner«, dem Frühstück. Da es keine feste Sitzordnung gibt, ist der Brunch zwangloser und auch für den Gastgeber nicht so anstrengend. Die beste Zeit ist zwischen 10.30/11.00 Uhr und etwa 13.00/13.30 Uhr – also auch zeitlich zwischen Frühstück und Mittagessen. Beim Brunch bleibt man nicht endlos lange, sondern in der Regel etwa zwei Stunden. Sicherheitshalber sollten Sie die Zeiten auf der Einladung vermerken. Als Gast sollten Sie nicht zu kurz, aber auch nicht zu lang bleiben. Oftmals ist im Anschluss an eine derartige Einladung ein Essen in kleinem Kreis oder etwas Ähnliches geplant. Der Gastgeber sollte darauf vertrauen können, dass seine Gäste sich an die Regeln halten.

Das sollten Sie wissen
Ein Brunch liegt zeitlich zwischen Frühstück und Mittagessen und sollte nicht zu lange ausgedehnt werden.

Cocktailparty

Diese Stehparty in ungezwungener Form ist zeitlich begrenzt und schließt kein Abendessen ein. Eine

Wann ist es Zeit zu gehen?

In der Regel sind für Cocktailpartys, Empfänge, Sektfrühstück oder Brunch bestimmte Zeiten vorgegeben – meist etwa zwei Stunden. Damit jeder Eingeladene sich dessen auch bewusst wird, sollten Sie die Zeiten auf der Einladung vermerken.

Cocktailparty ist bestens geeignet, wenn Sie verschiedene gesellschaftliche Verpflichtungen auf einmal erledigen wollen, wenn Sie Menschen zusammenbringen möchten oder wenn Sie einfach Lust auf eine kleine Feier haben. Der Sinn dieser Art Party liegt darin, den Gästen die Möglichkeit zu geben, locker mit vielen Menschen zu sprechen. Versuchen Sie deshalb, aktiv dazu beizutragen, und gehen Sie umher, sprechen Sie ruhig auch Gäste an, die Sie nicht kennen. Dazu ist diese Form der Einladung gewählt. Und wenn Sie eine Bekanntschaft vertiefen wollen, dann können Sie ja vielleicht gemeinsam zum Abendessen gehen.

Gut gemixt und hübsch verziert für die Cocktailparty – Säfte und Drinks.

Üblicherweise beginnt eine Cocktailparty zwischen 18 und 20 Uhr und endet zwei Stunden später. Es werden Getränke und Häppchen serviert.

Früher musste es das Cocktailkleid sein, heute geht es legerer zu. Ein elegantes Kleid, ein Kostüm oder ein Hosenanzug für die Dame, ein dunkler Tagesanzug für den Herrn ist angebracht.

Es müssen nicht unbedingt Cocktails sein, wenn man zur Cocktailparty einlädt, denn sonst müsste vermutlich auch ein Cocktailmixer engagiert werden. Doch mit einem oder zwei Drinks, die Sie einfach mixen oder schon vorher in größerer Menge vorbereiten können, entspricht eine Cocktailparty wirklich ihrem Namen. Auch die Dekoration für die Gläser können Sie schon vorbereiten. Gäste, die keinen Alkohol trinken, freuen sich über exotische Fruchtsäfte, die ebenfalls in hübsch dekorierten Gläsern serviert werden. Eine größere Auswahl an Getränken

Das sollten Sie wissen

Laden Sie am besten schriftlich ein.

sollte in der richtigen Temperatur bereitstehen. Denken Sie an reichlich Servietten, Gläser sowie Teller für die Ablage von Olivenkernen, Spießchen etc.

Das sollten Sie wissen

Legen Sie die Kleiderregel und die Zeit für einen Empfang schon auf der Einladung fest.

Empfang

Ein Empfang ist häufig eine offizielle Angelegenheit und kann sowohl vormittags wie auch nachmittags oder abends stattfinden. Der Empfang ist auf eine bestimmte Zeit, meist zwei Stunden, begrenzt. Dies können Sie ohne weiteres auf der Einladung vermerken. Ihren Gästen machen Sie es leichter, wenn Sie auch einen Hinweis auf die richtige Kleidung geben. Getränke und kleine, mundgerechte Häppchen werden angeboten, bei einem großen Empfang gibt es meistens ein Büfett. Der Ablauf ist wie bei der Cocktailparty. Alkoholfreie Getränke und Sitzgelegenheiten sollten vorhanden sein. Wenn Sie einen großen Empfang geben, dann spannen Sie ruhig Ihre Familie und Freunde ein. Sie können die Garderobe abnehmen, Getränke und Häppchen anbieten, sich auch um die Gäste kümmern, darauf achten, dass alle gut versorgt sind und niemand allein herumsteht.

Tipp

Auch wenn Sie zu einer Stehparty, einem Cocktail oder Empfang einladen, sollten Sie für einige Sitzgelegenheiten sorgen. Nicht nur ältere Gäste werden es Ihnen danken.

Familienfeiern

In jeder Familie gibt es Anlässe zum Feiern: Hochzeit, Taufe, Kommunion, Beförderung, Geburtstage,

Jubiläum etc. Aber auch ohne triftigen Grund lässt es sich in der Familie gut feiern. Wo und in welchem Rahmen gefeiert wird, hängt von der Familie und natürlich auch von den finanziellen Gegebenheiten ab. Deshalb können wir nur empfehlen: Wählen Sie eine Art zu feiern, bei der sich alle wohl fühlen und die Arbeit nicht an einem allein hängen bleibt. Nicht nur bei Geschäftspartnern sollte Rücksicht auf eventuelle Empfindlichkeiten genommen werden. Rücksichtnahme und Höflichkeit sind innerhalb der Familie ebenso wichtig wie im Berufsleben oder im Freundeskreis. Setzen Sie deshalb nicht gerade zwei Schwiegermütter nebeneinander, von denen jeder weiß, dass sie sich nicht mögen. Neu hinzugekommene Familienmitglieder sollte man in die Familie integrieren. Das bedeutet jedoch nicht, dass man die neue Verwandtschaft sofort mit »Du« ansprechen muss.

Das sollten Sie wissen

Bei Familienfeiern kann die Sitzordnung von besonders großer Bedeutung sein – nicht alle Familienmitglieder verstehen sich gut.

Geschäftsessen

Geschäftsessen können in kleinem oder großem Rahmen stattfinden, das hängt von der Firma, von der Branche und vom Anlass ab. Auch wenn ein solches Essen dazu beiträgt, den Geschäftspartner in einer zwangloseren Atmosphäre besser kennen zu lernen, so gelten natürlich auch hier die üblichen Regeln. Kein Klatsch, nichts Negatives, und wenn doch über die Arbeit gespochen werden muss, dann erst beim Dessert.

Tipp

Verzichten Sie auf viel Alkohol. Lassen Sie lieber reichlich Mineralwasser bereitstellen.

»W«-Fragen für Gastgeber:
- Warum? (Anlass)
- Wie? (Organisation)
- Wo? (Ort des Essens)
- Was? (Speisen und Getränke)

Sektfrühstück

Ein Sektfrühstück ist praktisch ein Stehempfang am späten Vormittag, bei dem (überwiegend) Sekt oder Champagner gereicht wird. Die Dauer ist begrenzt, es werden kleine Häppchen angeboten, die natürlich mit dem Hauptgetränk Sekt harmonieren sollten. Also kein Schmalzaufstrich, lieber Kaviar, Pastetchen etc. Je nach Anlass und Portemonnaie können Sie auch ein Büfett anrichten lassen, allerdings sollten die Gerichte zum Getränk passen, z. B. Lachsterrine, feine Salate, Scampi etc.

Das sollten Sie wissen
Nehmen Sie bei ausländischem Besuch Rücksicht auf religiöse und kulturelle Besonderheiten.

Party

Offizielle Regeln gibt es hier nicht. Anlässe für eine Party gibt es hingegen genügend. Da reicht eine gute Note in Mathe oder ein schöner Frühlingstag als Grund bereits aus. In lockerer Atmosphäre wird geredet, getrunken und gegessen. Der Gastgeber lädt nach Belieben mündlich oder schriftlich ein. Am besten richtet man einen Imbiss oder ein Büfett her. Bei den Getränken achtet man natürlich auch auf einen großen Vorrat an alkoholfreien Getränken, vor allem Wasser.

Häppchen sind die idealen Begleiter zu Sekt oder Champagner.

Achtung Fauxpas
Rauchen zwischen den Gängen und solange noch jemand isst.

Rauchen und Essen

Beim Genuss von blauem Dunst scheiden sich die Geister. Toleranz auf beiden Seiten ist deshalb erwünscht. Für den Raucher gilt die eiserne Regel: Niemals zwischen den Gängen oder wenn noch jemand am Tisch isst. Denn das verdirbt den anderen womöglich den Appetit. Bis der Kaffee serviert wird, sollten Sie Ihre Gelüste auf Tabak in jedem Fall unterdrücken. Erkundigen Sie sich schließlich höflich bei der Tischrunde, ob sich die Anwesenden durch den Rauch gestört fühlen. Handelt es sich um eine Nichtraucherrunde, verzichten Sie besser. Unmöglich: Eine Untertasse als Aschenbecher benutzen. Zigarren und auch Pfeifen gehören nicht zum Essen.

Knigge-fest bei Tisch

Schon den kleinen Kindern bringt man bei, nicht zu schmatzen oder lautstark zu schlürfen. Wenn die Eltern ein gutes Vorbild sind, lernen die Kleinen schnell und beherzigen diese Regeln. Das ist ein guter Anfang, aber natürlich reicht das nicht aus, um sich als Erwachsener gut und richtig bei Tisch zu benehmen. Keiner verlangt, dass Sie alles perfekt beherrschen. Nur die wenigsten Menschen kennen alle Regeln und wissen sich danach zu verhalten.

Überall, sogar in den feinsten Restaurants, können Sie grobe Verstöße gegen die Tischmanieren bemerken. Nun hat sich vieles im Lauf der Zeit verändert, Regeln werden nicht mehr so eng gesehen, und deshalb ist es heute einfacher, sich korrekt zu benehmen. Zum Basiswissen gehören die folgenden Punkte: Vor dem Essen wäscht man sich die Hände. Am Tisch sitzt man gerade und nicht mit rundem Katzenbuckel. Die Ellbogen stützt man nicht auf den Tisch, jedenfalls nicht, solange man isst. Greifen Sie nicht über den Tisch, wenn Sie das Salz möchten, sondern bitten Sie den Tischnachbarn, Ihnen das Gewünschte zu reichen.

Das sollten Sie wissen

Gute Tischsitten gehören noch immer zu einem genussvollen Essen in kleinerer oder größerer Runde.

Halten Sie das Besteck nicht wie der Handwerker sein Werkzeug, benutzen Sie Messer und Gabel nicht als Stütze. Und natürlich geht die Gabel bzw. der Löffel zum Mund und nicht umgekehrt. Auch wenn Sie sehr hungrig sind, sollten Sie die Speisen nicht hastig herunterschlingen. Führen Sie die Gabel am besten erst wieder zum Mund, wenn Sie den letzten Bissen ganz hinuntergeschluckt haben. Gekaut wird natürlich mit geschlossenem Mund.

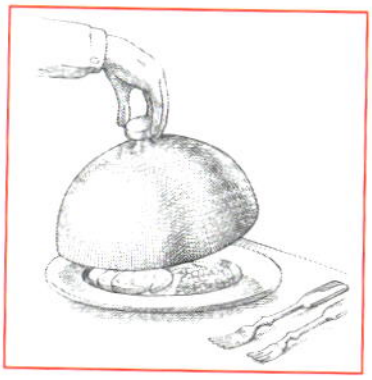

Was sich wohl Feines unter der Warmhalteglocke verbirgt? Der Ober lüftet das Geheimnis!

Das sollten Sie berücksichtigen:

- In teuren Restaurants kommt der Teller oft mit einer Warmhalteglocke auf den Tisch. Zügeln Sie Ihre Neugier und nehmen Sie die Glocke nicht selbst hoch. Das ist Aufgabe des Kellners!
- Der Gastgeber beginnt mit dem Essen. Erst nachdem er das Besteck in die Hand genommen hat, nehmen auch die Gäste das Besteck. Bei einem Büfett

beginnt jeder individuell mit dem Essen, sobald das Büfett eröffnet ist.

- Muss man essen, was auf den Tisch kommt? Nein, muss man nicht. Lehnen Sie die Speisen aber stets höflich und taktvoll ab. Vermitteln Sie klar und bestimmt, dass Sie davon nichts möchten.
- Denken Sie an Ihren Magen, wenn Sie von einem Büfett nehmen. Besser, Sie holen sich öfter kleine Portionen, als Sie übernehmen sich und können Ihren Teller nicht leer essen. Das macht einen sehr schlechten Eindruck. Auch wenn Ihnen vom Gastgeber oder Ober nachgereicht wird: Es liegt an Ihnen, die Menge zu bestimmen. Vermeiden Sie es, Essensreste zurückzulassen.
- Wünscht ein Gastgeber nicht, dass in seiner Bleibe geraucht wird, darf er seine Gäste ungeniert darauf aufmerksam machen. Er sollte aber ein alternatives Plätzchen anbieten, an dem sich die Raucher ungestört zurückziehen können.

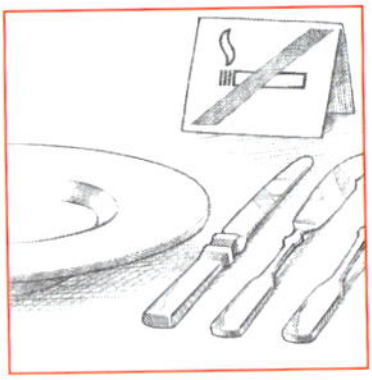

Rauchen unerwünscht? Der Gastgeber darf dies deutlich zeigen.

- Gegen Sonderwünsche beim Essen ist grundsätzlich nichts einzuwenden. Wenn Sie aber nur besondere Anliegen haben, bleiben Sie am besten zu Hause. Berechtigte Wünsche, beispielsweise bei Diabetes, Allergien etc., sollten Sie – sofern möglich – bereits vor der Einladung Ihrem Gastgeber mitteilen.
- Mitten im großen Menü verspüren Sie ein dringendes Bedürfnis. Versuchen Sie noch ein bisschen abzuwarten. Am besten eignet sich für den Toilettengang die etwas längere Pause zwischen Vorspeise und Hauptgang.

- Selbst der Kinderliebste wird es nicht schätzen, wenn Sie die Windeln Ihres Babys am Tisch wechseln. Sie sollten überall direkt nach den entsprechenden Räumlichkeiten fragen.
- Verwenden Sie Parfum sparsam. Sonst verderben Sie Ihren Tischnachbarn die Lust am Essen.
- Nach dem Hauptgang zückt die Dame einen Handspiegel und frischt rasch und diskret ihren Lippenstift auf. Das – und nur das – ist erlaubt.
- Nichts ist störender als ein Handy, das klingelt. Lassen Sie es am besten gleich zu Hause!
- Zahnstocher gebraucht man möglichst nicht, wenn man dabei beobachtet wird. Konsequenz: Ziehen Sie sich mit dem Stocher zurück.
- Sobald die Speisekarten zugeklappt auf dem Tisch liegen, weiß der Ober, dass Sie bestellen wollen. In großer Runde bestellt der Gastgeber für alle. Sitzt man nur mit wenigen Leuten zusammen, gilt als Regel, dass der Herr für die Dame mitbestellt und das Gericht der Dame bei jedem Gang zuerst nennt. Kein Kellner wird es aber merkwürdig finden, wenn die Dame ihr Essen selbst ordert. Bei mehreren Gängen ist es praktischer, wenn jeder für sich selbst bestellt.
- Eine Gabel fehlt, der Aschenbecher steht am Nachbartisch, und die Blumenvase verstellt Ihnen den Blick. Fangen Sie nicht an, im Restaurant herumzuräumen. Rufen Sie den Ober. Er wird Ihnen sofort helfen.
- Ein abgespreizter Finger ist nicht elegant – weder wenn man ein Glas noch wenn man eine Tasse hält.

Achtung Fauxpas

Nachwürzen, ohne vorher probiert zu haben.

So ist es korrekt: Die Tasse wird zum Mund geführt, nicht umgekehrt. Der kleine Finger wird nicht abgespreizt.

- Sie treffen im Lokal auf Bekannte. Schmettern Sie bitte keinen lauten Gruß durch den Raum. Grüßen Sie mit einem leichten Kopfnicken.
- Ladies first? Muss der Herr auch in unseren aufgeklärten Zeiten der Dame immer den Vortritt lassen? Muss er nicht, aber ein Gentleman wird es trotzdem tun. Ein höflicher Mann wird auch der Frau die Türe aufhalten.

Das sollten Sie wissen

Höflichkeit Damen gegenüber hat nie ausgedient – auch nicht in Zeiten der Emanzipation.

- Emanzipation hin, Emanzipation her: Höflichkeit ist immer gefragt. Auch aus dem Mantel kommt frau allein – doch leichter geht's mit Hilfe.
- Wie man die männliche Bedienung an den Tisch ruft, ist weithin bekannt. Wie aber spricht man eine weibliche Kraft an? Das »Fräulein« ist schon lange nicht mehr in. Man spricht die Dame vielmehr mit »Frau Ober« an. Es versteht sich, dass beim Rufen Fingerschnipsen, lautes Schreien, hektisches Winken oder andere Gesten nicht zum guten Umgangston gehören.
- In guten Restaurants ist es meist üblich, vorher einen Platz zu reservieren. Wenn Ihre Gäste Nichtraucher sind, erkundigen Sie sich, ob es im Lokal einen Nichtraucherbereich gibt. Eine Reservierung ist übrigens verbindlich. Freundlicherweise sollte man telefonisch absagen, wenn einem etwas dazwischenkommt.
- Sie werden zum Essen eingeladen? Dann achten Sie bei der Wahl Ihrer Speisen darauf, dass Sie den Geldbeutel des Gastgebers nicht überstrapazieren. Es sei denn, er fordert Sie ausdrücklich dazu auf, die besten Speisen zu wählen.

Small Talk! – das Tischgespräch

Heiter, anregend und unterhaltsam sollte ein gutes Tischgespräch sein, außerdem leicht bekömmlich und – im übertragenen Sinne – gut verdaulich wie das Essen. Das ist einfacher gesagt als getan. Denn es gibt einige kritische Punkte, die jeder beachten sollte. Eine alte Regel lautet: »Man spricht bei Tisch nicht über Politik, Geld und Krankheit«. Und das ist auch heute noch sinnvoll. Über Politik kann man leicht in Streit geraten, das Thema »Geld« ufert schnell in Angeberei aus, und Erzählungen über Krankheiten machen nicht unbedingt Appetit. Es gibt jedoch viele unverfängliche Gesprächsthemen. Wichtig ist, dass niemand selbstherrlich doziert oder »fachchinesisch« spricht, das kein Anwesender versteht. Wählen Sie etwas Interessantes, ein Thema, an dem sich viele Gäste beteiligen können, wie beispielsweise Mode, Kunst, Literatur oder Reisen. Über das Wetter als Gesprächsthema wird oft gelästert, dennoch eignet es sich hervorragend als Gesprächseinstieg. Leichte Themen – oder modern ausgedrückt »Small Talk« – sind günstig, denn jeder kann dazu etwas sagen, keiner fühlt sich ausgeschlossen. Und wichtig: Bei unverfänglichen Gesprächsthemen kann das Essen genossen werden.

Ein Hoch auf die Gastgeber – und die Gäste!

Essen und Gespräch

Wenn Sie die folgenden Grundsätze beachten, lassen sich Essen und Gespräch wunderbar kombinieren.

Achtung Fauxpas

Ständiges Kritisieren und Nörgeln – das vertreibt die gute Laune.

- Mit vollem Mund spricht man nicht.
- Stellen Sie keine persönlichen Fragen, wenn Sie jemanden nicht gut kennen.
- Denken Sie an Alter, Beruf und Religion der Anwesenden, bevor Sie ein Thema aufgreifen. Sie könnten leicht jemanden verletzen.
- Als Gastgeber sollten Sie sich schon vor dem Essen einige für Ihre Gäste interessante Gesprächsthemen überlegen. Wenn gar kein richtiges Gespräch aufkommen will, können Sie hier helfend eingreifen.
- Alleinunterhalter sind der Tod jeder Unterhaltung. Stoppen Sie ihn auf elegante Weise. Sie finden dabei sicher Unterstützung von Ihren Tischnachbarn.
- Schüchternen Gästen könnten Sie ein wenig helfen, indem Sie sie in das Gespräch mit einbeziehen, beispielsweise durch Fragen wie »Haben Sie das auch schon erlebt?«
- Geschmacklose Witze sind peinlich, verderben den Appetit und verraten schlechten Stil!
- Komplimente sind schön und kommen gut an. Allerdings sollten sie nicht übertrieben werden. Ein Gentleman wird auch immer darauf achten, nicht nur einer Dame, sondern allen anwesenden Damen etwas Nettes zu sagen.
- Achten Sie auf Ihre Körpersprache! Sprechen Sie ruhig und vor allem entspannt. Gestikulieren Sie

Tipp

Merken Sie als Gastgeber, dass sich einer Ihrer Gäste gegen verbale Attacken nicht zur Wehr setzen kann, dann sollten Sie diskret helfen, indem Sie selbst das Wort ergreifen und das Thema wechseln.

nicht zu sehr mit den Händen. Abgesehen davon, dass es nicht gut aussieht, können Sie leicht Gläser umwerfen. Hände im Gesicht verraten Unsicherheit, ebenso ständig vor der Brust verschränkte Arme.

- Siezen oder duzen? Das Angebot zum »Du« geht stets vom Älteren, Vorgesetzten oder Ranghöheren aus. Die Dame bietet das »Du« dem Herrn an und nicht umgekehrt. Die Antwort sollte gut überlegt sein, und eine Absage darf natürlich nicht verletzend wirken. Umgekehrt sollte niemand zum »Du« gedrängt werden.
- Vermeiden sie genüsslichen Klatsch über gemeinsame Bekannte. Mit der Größe der Tischrunde wächst auch die Gefahr, dass die Betroffenen davon erfahren.

Klopfen ans Glas: So wird die Tischrede angekündigt.

Die Tischrede

Wenn Sie bei einer Einladung, einem Empfang oder dergleichen eine Tischrede halten wollen, sollten Sie sich mit dem Gastgeber absprechen. So kann er die Reihenfolge bestimmen, wenn mehrere Redner da sind. Außerdem kann der Gastgeber den einzelnen Redner kurz vorstellen, wenn er das möchte. Ist dann der Augenblick gekommen, erheben Sie sich und klopfen kurz an Ihr Glas, um die Aufmerksamkeit der Gäste zu erlangen. Selbstverständlich unterbricht man als Gast das Gespräch mit dem Tischnachbarn und wendet sich dem Redner zu.
Einer kurzen und unterhaltsamen Ansprache wird auf jeden Fall mehr Aufmerksamkeit gewidmet werden als einer langen Rede.

Das sollten Sie wissen

Der beste Zeitpunkt für eine Rede ist nach dem Hauptgang.

Ansprachen, die ankommen

In der Kürze liegt die Würze. Eine frei gehaltene Ansprache wirkt natürlicher und ist lebhafter als eine abgelesene Rede. Vermeiden Sie lange Schachtelsätze und komplizierte Gedankengänge, versuchen Sie, humorvoll zu sein – außer bei einer Trauerrede. Schauen Sie in die Runde, richten Sie Ihren Blick auf die angesprochene Person. So kommen Sie und Ihre Rede sicher gut an.
Mit ein paar Worten bedankt sich der Geehrte. Der Redner stößt zuerst mit dem Geehrten an, dann hebt er das Glas noch einmal – als Symbol für das Anstoßen mit allen Gästen. Und erst dann wird ein Schluck getrunken.

Das Handy

Achtung Fauxpas
Das Handy auf den Tisch legen.

Das Handy oder auch Mobiltelefon hat für viele Unarten gesorgt; mittlerweile liegt es mit großer Selbstverständlichkeit sogar auf Restauranttischen. Falls es nicht anders geht, Sie unbedingt erreichbar sein müssen, beachten Sie folgende Regeln:

- Handygespräche sollten kurz sein; lange Gespräche in Anwesenheit Dritter sind unhöflich und sehr indiskret.
- Es ist unhöflich, Anrufe entgegenzunehmen, wenn man jemanden besucht, sich also bei Privatpersonen aufhält.
- Falls es nicht anders geht, verlassen Sie den Raum, um zu telefonieren.
- Im Zweifelsfall das Handy aber doch besser abstellen und die Mailbox aktivieren.

Wer sitzt neben wem? – die Sitzordnung

Die Sitzordnung – Platzieren nach Rangfolge und nach gemeinsamen Gesprächsthemen. Ein Plan schafft Klarheit.

Achten Sie darauf, dass die Sitzordnung stimmt! Die Verteilung der Plätze entscheidet nämlich ganz entscheidend darüber, ob ein Fest gelingt. Befassen Sie sich deshalb rechtzeitig mit diesem Thema. Zunächst stellt sich die Frage: »Wer passt zu wem?« Setzen Sie zwei radikale Anhänger unterschiedlicher politischer Parteien nebeneinander, dann kann das zwar ein interessanter, aber nicht unbedingt harmonischer Abend für alle Anwesenden werden. Jedem Gast einen passenden Tischpartner zuzuordnen ist nicht einfach, vor allem wenn man einige der Gäste nicht so gut kennt. Abgesehen von dem Gesichtspunkt, wer mit wem harmoniert, werden natürlich auch das Alter und die soziale Stellung bei der Tischordnung berücksichtigt. Häufig setzt man Paare auseinander, denn schließlich soll eine Einladung auch Gelegenheit geben, neue Menschen kennen zu lernen. An eine Einladung, bei der die Gäste so platziert sind, dass sie gemeinsame Gesprächsthemen haben, werden sich alle gern erinnern.

Tipp

Wer unbedingt neben seinem Partner sitzen möchte, sollte das dem Gastgeber vorher mitteilen.

Nach der internationalen Sitzordnung, die immer mehr auch bei uns praktiziert wird, sitzen Hausdame und Hausherr einander gegenüber. Der Platz des wichtigsten männlichen Gastes ist rechts neben der Hausdame, der des wichtigsten weiblichen Gastes rechts neben dem Hausherrn. Streng genommen müssten nun die anderen Gäste entsprechend der Rangfolge platziert werden, so dass der rangniedrigste Gast am weitesten vom Gastgeber entfernt sitzen würde. Wenn Sie es möglich machen können, dann sollten jeweils eine Dame und ein Herr nebeneinander sitzen.

Doch wichtiger als die strikte Einhaltung einer Tischordnung ist, dass die Gäste sich wohl fühlen. Das ist eines der Hauptkriterien dafür, ob eine Einladung ein Erfolg wird oder nicht.

Ausländische Gäste

Das sollten Sie wissen
Ehrengästen steht ein besonderer Platz zu – der neben den Gastgebern.

Wenn Sie Besuch aus dem Ausland haben, dann sollte Ihr Gast neben jemandem sitzen, mit dem er sich auch unterhalten kann – für den Fall, dass er nicht deutsch spricht.

Die klassische Tischordnung

- Die Ehefrauen teilen den Rang ihrer Männer.
- Söhne und Töchter haben keinen Rang, sie sitzen beispielsweise neben Singles.
- Gäste sind wichtiger als Verwandte.
- Ältere zählen vor jüngeren Gästen.
- Ausländer gleichen Ranges gehen vor Inländern.
- Angehörige einer fremden Firma, eines Betriebes oder einer Institution zählen vor Mitarbeitern der eigenen Firma.

Je formeller der Anlass ist, desto mehr achtet man auf die Rangfolge. Natürlich kann man darüber ins Streiten geraten, wer denn eigentlich die bedeutendsten Gäste sind. Ist die 78-jährige Tante nicht vielleicht höher einzuschätzen als der 80-jährige Onkel? Ist der Chef der Gastgeberin oder der Chef des Hausherrn wichtiger? Man erkennt schnell, dass es nicht immer sinnvoll ist, sich streng an solche Vorgaben zu halten. Gut ist es, Gäste mit gleichen Interessen und Anschauungen zusammenzusetzen. Im kleinen, privaten Kreis ist es am einfachsten, wenn Sie Ihren Gästen die Wahl des Sitzplatzes überlassen.

Oder Sie bringen etwas Abwechslung in private Runden und machen eine Platz-Lotterie: Lassen Sie Ihre Gäste Nummern ziehen und so das »Schicksal« über den Tischnachbarn entscheiden!

Bei einem großen Fest mit mehreren Tischen sollten Sie Tischkarten aufstellen und einen Sitzplan am Eingang auslegen. Die Dame wird vom Tischherrn zum Tisch gebracht. Bei einem Mangel an Herren darf auch die Tochter die Mutter zu ihrem Platz geleiten.

Das sollten Sie wissen

Die Rangordnung ist oft schwierig festzulegen – entscheiden Sie mit Gefühl für die Interessen der Gäste.

So könnte die Sitzordnung bei der Hochzeit aussehen

Das Brautpaar sitzt nebeneinander in der Mitte. Die engsten Familienmitglieder sitzen sich gegenüber. Im Anschluss an die Brauteltern folgen die Großeltern und dann, dem Alter nach, die besten Freunde beider Familien. Neben den verheirateten sitzen die verlobten Paare und am Ende des Tisches Jugendliche und Kinder.

Zuerst setzen sich die Damen, dann die Herren. Alle Gäste nehmen jedoch erst Platz, wenn der Gastgeber sie dazu aufgefordert hat.
Weist der Gastgeber dem Gast einen Tisch zu, an dem keine feste Sitzordnung vorgesehen ist, sucht man sich seinen Platz selbst. Selbstverständlich fragt man die bereits Sitzenden, ob der Stuhl noch frei ist. Im Restaurant überlässt der Herr der Dame die Wahl des Sitzplatzes. Er wird jedoch darauf achten, dass sie den besseren Platz erhält.
Früher stand ein Herr auf, sobald eine Dame den Tisch verließ, und er stand wieder auf, wenn sie zurückkehrte. Heute genügt bei offiziellen Anlässen ein andeutungsweises Aufstehen. Ansonsten werden keine Umstände mehr gemacht, wenn sich eine Dame erhebt, es sei denn, der Herr möchte es.
Auch das wird heute nur noch selten praktiziert: den Stuhl einer Dame zurechtrücken, wenn sie sich hinsetzt. Der Stuhl wird etwas vom Tisch weggerückt und der Dame dann vorsichtig unterschoben, während sie sich hinsetzt.
Es versteht sich von selbst, dass unbequeme Sitze oder Plätze den Jüngsten zugewiesen werden. Dazu gehören Stühle ohne Lehnen, harte Bänke oder zu enge oder schwer erreichbare Plätze.

Tipp

Das Servieren den Umständen anpassen. Das Einhalten der Regeln beim Servieren ist nicht sinnvoll, wenn beispielsweise Tische oder Stühle so ungünstig stehen, dass man nur von einer Seite hinkommt. In diesem Falle sollte man flexibel handeln.

Die Kunst des Servierens

Servieren ist eine Kunst, die nicht jeder beherrscht. Bei einer großen Einladung sollte deshalb eine Servierhilfe engagiert werden, denn es ist unüblich, dass Gastgeber in solchen Fällen selbst servieren. In privater kleiner Runde sieht man das lockerer.

Formvollendetes Servieren beginnt bei der ranghöchsten Dame, dann kommt die zweithöchste Dame usw. Erst dann wird dem Herrn mit dem höchsten Rang serviert. Moderner und praktischer: zuerst den Ehrengästen und dann im Uhrzeigersinn den anderen Gästen servieren.

1

2

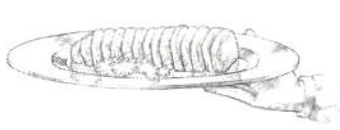

Servieren will gelernt sein – Gläser werden von links gereicht, Platten von rechts.

Von welcher Seite tischt man auf?

Als feste Regel gilt, dass man die Getränke immer von rechts einschenkt. Will man es ganz vorbildlich machen, werden von rechts auch frische Teller eingesetzt und gebrauchte Teller sowie Gläser abgeräumt. Von der gleichen Seite serviert man alle Speisen, die bereits in Portionen angerichtet sind, wie beispielsweise Vorspeise, Suppe, Tellergericht und Dessert. Schüsseln und Platten stellt der Kellner auch von rechts auf den Tisch.

Von links serviert der Ober, wenn er dem Gast von einer Platte Speisen auf den Teller legt. Auch gefüllte Gläser, die auf einem Tablett gereicht werden, kommen von links. Das Gleiche gilt für Salat- und Kompottteller sowie Besteckteile, die links vom Teller ihren Platz haben.

Für ein gemütliches kleines Essen zu Hause merkt man sich: Das Auftragen erfolgt von links, das Abdecken von rechts.

Achtung Fauxpas

Mit dem eigenen Besteck von Schüsseln und Platten nehmen!

So servieren Sie richtig

Zuerst werden das Fleisch und die Saucen serviert, dann folgen Gemüse, Beilagen und Salat.
Das Dessert wird erst auf den Tisch gestellt, wenn alle Gäste mit der Hauptspeise fertig sind.
In kleiner Runde gilt: Schüsseln reicht man im Uhrzeigersinn herum, und jeder bedient sich selbst. Hat man auf der Anrichte, einem Servierwagen oder einem Beistelltisch die Speisen abgestellt, darf man seine Gäste auch bitten, sich dort selbst zu bedienen. Bevor das Dessert auf den Tisch kommt, wird alles abgeräumt, was nicht mehr benötigt wird, z. B. nicht benutzte Besteckteile. Krümel werden entfernt.

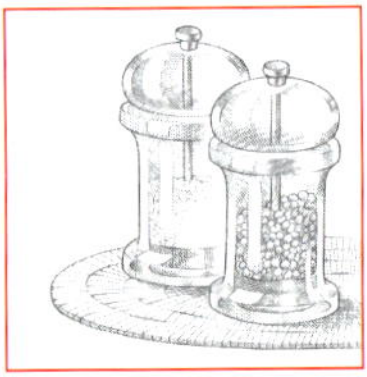

Salz und Pfeffer zum Nachwürzen dürfen auf keiner Tafel fehlen.

Wie die Speisen serviert werden, hängt meist allein vom Platz ab: in Schüsseln, wenn genügend Platz vorhanden ist, sonst portioniert auf Tellern.

Salz, Pfeffer & Co.

Salz- und Pfefferstreuer sollten immer auf dem Tisch stehen. Senf gehört nicht in Tube oder Glas auf den Tisch, sondern in einem zum Geschirr passenden Gefäß. Essig und Öl müssen auf den Tisch, wenn jeder seinen Salat selbst anmachen soll.

Bei jeder Schüssel und jeder Platte liegt ein Vorlegebesteck; die Griffe sind dem Gast zugewandt. So kommt er leichter an das Besteck und kann sich problemlos bedienen. Der Rand einer Platte darf nicht mit den Fingern berührt werden. Am besten machen Sie es wie die Kellner: Benutzen Sie einfach eine Serviette.
Achtung Verbrennungsgefahr! Machen Sie Ihre Gäste darauf aufmerksam, wenn das Geschirr heiß ist, damit sie sich nicht die Finger verbrennen.
Eigentlich darf man nur beim Hauptgang zweimal zugreifen. Wenn Sie aber gerne noch etwas möchten, zieren Sie sich nicht. Der Gastgeber freut sich, wenn es Ihnen schmeckt. Nehmen Sie sich aber nicht mehrmals nach, das erscheint ein bisschen maßlos.

Achtung Fauxpas
Mehr als zweimal zugreifen.

Ein aufmerksamer Gastgeber kann Gästen, die von einem bestimmten Gang nichts möchten, einen leeren Teller servieren. Der Gast fühlt sich dann nicht wie ein Außenseiter, weil er unter den Essenden nicht auffällt.
»Nehmen Sie doch noch eine Portion!« Nichts ist lästiger als ein Gastgeber, der den Wunsch seines Gastes nicht respektiert und immer noch etwas aufdrängen möchte. Sagen Sie als Gast freundlich, aber bestimmt »Nein, danke«.
Drücken Sie Ihre Wünsche freundlich und unmissverständlich aus. So vermeiden Sie, dass Ihnen nachgelegt oder nachgeschenkt wird, obwohl Sie sagten: »Vielleicht etwas später«. Auch wenn Sie dem Ober helfen wollen: Stapeln Sie im Restaurant nicht die Teller auf. Lassen Sie ihm ruhig seine Aufgabe.

Bis zum nächsten Mal? – die Verabschiedung

Das sollten Sie wissen

Verwickeln Sie den Gastgeber bei der Verabschiedung nicht zu lange in ein Gespräch. Auf ihn warten noch andere Gäste.

Jeder Gastgeber freut sich, wenn die Einladung gelungen ist und es den Gästen gefällt. Ab und zu passiert es aber, dass es den Gästen besser gefällt, als es dem Gastgeber lieb ist. Was tun mit solchen Gästen, die übersehen, dass alle anderen bereits gegangen sind, der Gastgeber inzwischen schon unverhohlen gähnt? Was tun mit Gästen, denen das Gefühl für den richtigen Abgang fehlt?
Versuchen Sie es auf die feine Art, indem Sie nicht mehr nachschenken, das Zimmer aufräumen, abspülen, darauf hinweisen, dass Sie früh aufstehen müssen etc. Alle mehr oder weniger dezenten Hinweise haben nicht den gewünschten Erfolg gebracht – was nun? Dann bleibt Ihnen nichts anderes übrig, als sich entweder in Ihr Schicksal zu fügen und »es auszusitzen« oder aber freundlich den Gästen zu sagen, dass Sie am nächsten Tag früh arbeiten müssen. Als Gast sollten Sie den Blick auf die Uhr nicht

Tipp

Beachten Sie die Regel »Wenn es am schönsten ist, soll man gehen«.
Als Gast können Sie mithelfen, wenn Sie den letzten Gästen eine Mitfahrgelegenheit anbieten. Das ist ein deutliches Zeichen zum Aufbruch, ohne dass der Gastgeber aktiv werden muss.
Im kleinen Kreis verabschiedet man sich natürlich von jedem persönlich, bei einer großen Party bei den Umstehenden und vom Gastgeber. Der Gastgeber begleitet seine Gäste zur Garderobe und hilft den Damen in den Mantel.

vergessen. Und wenn der Abend noch so schön ist, der Gastgeber ist müde – ob er das zugibt oder nicht – und hat verdient, dass man ihn in Ruhe aufräumen lässt. Der richtige Zeitpunkt zum Verabschieden – das ist eine Frage des Fingerspitzengefühls. Manchmal ist Mitternacht zu spät, aber manchmal kann es auch zu früh sein.

Früher aufbrechen als andere Gäste

Wer aus bestimmten Gründen vorzeitig eine Einladung verlassen muss, sollte das ohne viel Aufhebens tun. Verabschieden Sie sich vom Gastgeber, nicken Sie den anderen Gästen zu. Ihren Tischnachbarn können Sie den Grund für Ihr frühzeitiges Gehen nennen. Wenn Sie sich offiziell extrem früh verabschieden, könnte dies das Signal zum Aufbruch für die anderen Gäste sein. Versuchen Sie, so wenig wie möglich zu stören.

> **Tipp**
>
> Falls man zum Essen eingeladen ist – ob privat oder in ein Restaurant – und seinen vierbeinigen Freund mitbringen möchte, ist es einfach höflich, vorher anzurufen und freundlich um Erlaubnis zu fragen.

Ein Dankeschön

Früher gehörte es zum guten Ton, und auch heute freut sich jeder Gastgeber darüber: ein Dankeschön am nächsten Tag. Je nach Art der Einladung kann es schriftlich, bei Freunden aber auch telefonisch sein. Wenn Sie kein Gastgeschenk mitgebracht haben: Jetzt ist der richtige Zeitpunkt, einen Blumenstrauß zu schicken.

Dass einer Einladung eine Gegeneinladung folgen sollte, ist gang und gäbe, vorausgesetzt man versteht sich gut und möchte sich wieder sehen.

So verhalten Sie sich richtig im Restaurant

Das sollten Sie wissen

Die meisten Deutschen sind versichert. Entstehen tatsächlich höhere Kosten, sollten Sie offen mit Ihrem Gast sprechen, sofern dieser nicht von selbst eine Entschädigung anbietet.

- Die Frage »Waren Sie zufrieden?« dürfen Sie ehrlich beantworten. Bleiben Sie dabei aber taktvoll und freundlich, auch wenn Sie nicht zufrieden waren. Brauchen Sie ein Taxi? Dann sagen Sie dem Ober Bescheid, bevor Sie gehen wollen. Er ruft es Ihnen.
- Wie viel Trinkgeld? Das hängt ganz davon ab, wie zufrieden Sie mit dem Service waren und wie großzügig Sie sind. Als internationale Richtlinie gilt fünf bis zehn Prozent von der Rechnungssumme. Wenn mehrere Kellner Sie bedient haben, geben Sie einem das Trinkgeld; es wird aufgeteilt. Wer mit Kreditkarte zahlt, legt das Trinkgeld besser in bar auf den Tisch. Waren Sie mit dem Service nicht zufrieden? Dann streichen Sie einfach das Trinkgeld!
- Regen Sie sich nicht auf, wenn Ihnen in einem Restaurant etwas missfällt! Reklamieren Sie in aller Ruhe und mit guten Argumenten. Der Wirt wird Ihnen dankbar sein, möchte er doch, dass Sie wieder kommen.
- Sie haben zum Essen eingeladen. Die Rechnung kommt. Bezahlen Sie diskret. Nicht jeder muss sehen, wie tief Sie in die Tasche greifen. Prüfen Sie immer (dezent) nach, ob die Rechnung auch stimmt.
- Wer zahlt? Ganz einfach: Wer einlädt, der zahlt – egal ob Dame oder Herr.

- Wenn der Ober Ihnen versehentlich etwas über die Kleidung gegossen hat, bleiben Sie gelassen. Dem Ober ist das peinlich genug. Das Restaurant muss die Reinigungskosten übernehmen.
- Und selbstverständlich gehören Hunde im Restaurant immer unter den Tisch und nicht auf die Bank oder den Stuhl.

Hilfe bei kleinen Malheurs

Jeder hat Angst davor, und keiner kann ihm entrinnen – dem Malheur bei Tisch. Eine unbedachte Bewegung, und der Rotwein ergießt sich über die schneeweiße Tischdecke, die Erbsen rollen von der Gabel, vor Schreck verschluckt man sich und bekommt einen Hustenanfall. Wie kann man solche Situationen noch retten? Zunächst einmal hängt viel von Ihrer eigenen Reaktion ab.

Behalten Sie die Nerven, wenn das Glas umfällt, die Serviette unter dem Tisch landet, ein Niesanfall nicht zu bremsen ist ...

Das Risiko einer Einladung

Ein Gastgeber sollte sich mit dem Gedanken vertraut machen, dass ein Missgeschick passieren kann – sogar ihm selbst. Sie können vorsorgen, wenn Sie »Gefahrenzonen« beseitigen. Wer vor lauter Angst, dass etwas kaputtgehen könnte, eine Einladung nicht genießt, der sollte seine Gäste lieber ins Restaurant einladen.

Als Gastgeber ist es Ihre Aufgabe, dem Pechvogel zu helfen, indem Sie den Schaden geschickt und ohne großes Aufsehen beheben. Kritik äußern oder Ärger zeigen – das können Sie sich als Gastgeber nicht erlauben.

Das sollten Sie wissen

Machen Sie eine peinliche Situation durch viel Aufhebens nicht noch unangenehmer, weder als Gast noch als Gastgeber.

Bemerkungen wie »Dieses Glas ist ein Erbstück« oder »Die Tasse ist aus China und hat 150 DM gekostet« muss man unterdrücken – und fällt es noch so schwer.

Passiert ein Malheur, hüpft der Knödel vom Teller, spritzt die Sauce auf die teure Tischdecke, geht ein Glas zu Bruch ... Heben Sie den Knödel auf, legen Sie ihn auf einen separaten Teller. Tupfen Sie die Flüssigkeit auf und decken Sie den Fleck mit einer Serviette zu. Rasch, ohne viel Aufheben und am besten mit Humor – so gehen Sie mit einem Malheur um. Egal ob es Ihnen passiert oder ob Sie das »Opfer« sind.

Als »Pechvogel« können oder sollten Sie – je nach Vorfall – Schadenersatz anbieten, auch wenn Sie nicht versichert sind. Aber bitte erst später und unter vier Augen mit dem Gastgeber. Und auf jeden Fall ist ein Strauß Blumen oder eine Flasche Wein am nächsten Tag angebracht.

Souverän in jeder Situation

- Sie haben sich verschluckt? Dann versuchen Sie nicht, einen Hustenanfall zu unterdrücken. Halten Sie eine Serviette vor den Mund und husten Sie sich aus. Falls Sie gar nicht mehr aufhören können, verlassen Sie lieber den Raum.

- Heben Sie ein auf den Boden gefallenes Messer auf, und legen Sie das Besteck umgedreht auf den Tisch. Der Kellner versteht das und wird Ihnen ein neues Messer bringen. Falls Sie an das Messer auf dem Boden nicht herankommen, sagen Sie dem Kellner Bescheid.
- Ihre Nase läuft, und Sie müssen schneuzen. Drehen Sie sich mit dem Oberkörper vom Tisch weg, schneuzen Sie leise in Ihr Taschentuch.
- Sie kauen auf etwas Ungenießbarem? Führen Sie die Gabel zum Mund und legen Sie den Bissen möglichst in einem unbeobachteten Moment darauf. Dann das Stück am Tellerrand ablegen. Auf keinen Fall eine Bemerkung darüber verlieren.
- Falls Sie ein Gähnen nicht unterdrücken können – versuchen Sie, es so unauffällig und diskret wie möglich zu machen. Halten Sie immer die Hand vor den Mund.
- O Schreck, ein Fleck! Ziehen Sie sich zurück, und nehmen Sie unauffällig Ihre Stoffserviette mit. Ein Eckchen anfeuchten und den Fleck betupfen. Nicht zu viel reiben, das verschlimmert den Schaden meist noch.
- Hilfe – Ihr auffallendes Designerkleid kommt Ihnen an einer Dame entgegen! Hier gibt es zwei Möglichkeiten: Viel Selbstbewusstsein zeigen und sich nichts anmerken lassen oder – falls möglich – die Flucht nach Hause antreten, um sich umzuziehen.

Tipp

Für alle Fälle sind Sie gerüstet, wenn Sie einen dünnen Seidenschal in Ihre Handtasche packen. Damit lassen sich Flecken gut kaschieren.

Der Südwest Verlag ist ein Unternehmen der Econ Ullstein List Verlag GmbH & Co. KG München

Projektleitung
Ines Griese

Redaktionsleitung
Nina Andres

Bildredaktion
Sabine Weber

Umschlag und Layout
Manuela Hutschenreiter

DTP/Satz
Mihriye Yücel

Produktion
Manfred Metzger (Leitung), Annette Aatz, Monika Köhler

Druck und Bindung
Druckerei Uhl, Radolfzell

Gedruckt auf chlor- und säurearmem Papier

ISBN 3-517-06377-0

Die Autorinnen

Alexandra Cavelius und Antje Brudereck sind beide freie Journalistinnen. Bei Recherchen im Gastronomiebereich fiel ihnen auf, dass selbst so genannte Genießer und Schlemmer an der vornehm gedeckten Tafel recht hilflos sind, wenn es um das richtige Benehmen geht. Um den Unsicherheiten ein Ende zu bereiten, entstand dieses Buch.

Bildnachweis

Gettyone Stone, München: 50/51 (Claudia Kunin), 68/69 (Stefan May); Photonica, Hamburg: Titel, 34/35 (Neo Vision); Stockfood, München: 6/7 (Bonisolli)

Illustrationen

Matthias Robold, München

Hinweis

Das vorliegende Buch ist sorgfältig erarbeitet worden. Dennoch erfolgen alle Angaben ohne Gewähr. Weder Autorinnen noch Verlag können für eventuelle Fehler oder Schäden, die aus den im Buch gegebenen praktischen Hinweisen resultieren, eine Haftung übernehmen.